양나라 염입본이 그린 그림

관세음보살

신통력을 구족하고 지혜와 방편을 닦아
시방의 모든 국토에 몸을 나타내지 않는 곳이 없느니라.

중생이 곤액을 입어 한량없는 고통을 당할 때
저 관세음보살을 생각하면
고뇌와 죽을 액에 있어서 능히 의지와 믿음을 짓나니

가사 어떤 사람이 불이나 물, 바람의 해를 입어
불구덩이에 떨어지거나 바다에 표류하고
용이나 귀신의 난을 만나더라도
저 관세음을 생각하면 불이 변해 못이 되고
파랑도 능히 빠뜨리지 못하고 귀신도 보지 못하리라.

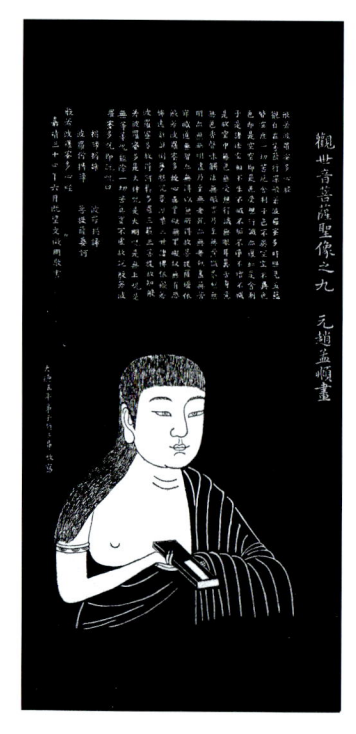

혹은 험난한 곳에 이르러 원수와 도적의 난을 만나고
형에 임하여 수족이 묶여 독약의 저주를 받고
나찰과 독룡 무서운 짐승에 에워싸이고 까치 독사와
살모사 우뢰와 벼락을 만나 곤액을 치르게 되더라도
저 관음의 묘한 힘을 생각하면
능히 모든 고통에서 헤어나게 되느니라.

왜냐하면 관세음은 거짓을 쉬게 하는 진관(眞觀)과

부정을 없애는 청정관(清淨觀)

넓고 큰 지혜로써 관찰하는 광대지혜관(廣大智慧觀)

중생을 내 몸처럼 사랑하는 자비관(慈悲觀)을 가졌기 때문이다.

때 없이 깨끗한 빛은 어두움을 파하고

능히 3재 8난을 없애고 널리 세간을 비추나니

그러므로 항상 원하고 우러러 받들지니라.

어여삐 여기는 몸,

서리와 같은 계율, 사랑스러운 뜻은

큰 구름, 감로의 비가 되어 열뇌의 번뇌를 식혀주고

묘한 소리, 세상을 관하는 소리, 청정한 소리, 진리의 소리는

세간의 소리 보다 뛰어나 그 복이 바다 산과 같기 때문이다.

세상의 고통은 나고 늙고 병들고 죽는 것은

누구나 겪는 하나의 통과의례이지만

그 가운데서도 이별, 원한, 오음성고(五蘊盛苦),

구부득고(求不得苦) 물, 불, 바람, 총, 칼, 몽둥이, 귀신,

도적의 액난과 명예와 사랑을 찾고 자식을 구하고 부자 되기를

바라는 사람들에겐 수없는 고통이 파도처럼 밀려든다.

그런데 사람들은 급하지 않는 일에도 아귀다툼하고

애타게 일하며 겨우겨우 살아가면서 눈물을 흘린다.

천 번 울다가 한 번 웃으면 그 울음을 다 잊어버리고

한 번 더 웃기를 바란다.

남녀, 노소, 노비 가릴 것 없이 재산을 걱정하고

재산이 없건 있건 노심초사하여 편안할 날이 없다.

밭이 없으면 밭 때문에 걱정하고

집이 있으면 집 때문에 걱정하고

가축, 노비, 금전, 가구, 의복, 음식 등을 걱정한다.

거기 삼재팔난이 겹치면 그것 때문에 빚을 져 걱정하고

긴장이 쌓여 목숨 이어나가도 함께 갈 사람 조차 없다.

추울 때는 추워서 괴롭고, 더울 때는 더워서 괴롭고

가난한 자는 가난하여 괴롭고,

있는 자는 지키기 위해 괴롭다.

밭이 있으면 밭이 없어 괴롭고

집이 있으면 집이 있어 괴롭고,

가축, 노비, 금전, 가구, 의복, 음식 등을 갖고자 걱정된다.

하나를 얻으면 다시 더 바라고

그것을 얻으면 또 더 바래

끝없는 궁핍에 허덕여 추울 때나 더울 때나 마음 놓지 못한다.

그러다가 목숨 잃으면 선한 일 해본적 없어

어느 길에 떨어질지 몰라 고통한다.

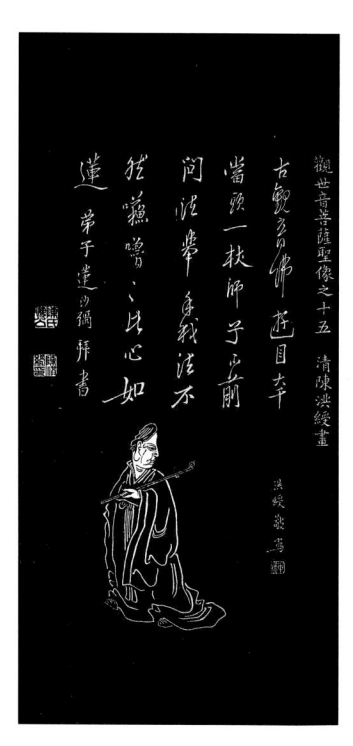

용두 관세음보살

불속의 연꽃 관세음보살

누가 인생은 고(苦)요

고의 삶은 박해(迫害)라 하였던가.

젊고 건강하고 행복한 시간은 순간이고

찌들고 찌고 볶고 사는 인생의 길은 길다.

그러나 그렇다고 인생을 포기할 수는 없지 않는가.

아직도 받은 몸이 넉넉히 남아 있으니…

그런데 관세음보살은 5온이 공한 도리를 보고

일체의 고통과 액난에서 벗어나

32응신 80종호 14무외력 4부사의 덕으로써

사바세계의 고통을 구한다고 하였으니

이 얼마나 다행한 일인가.

불에 타 죽게 된 사람

물에 빠져 죽게 된 사람

태풍에 휩쓸려 죽게 된 사람

칼이나 몽둥이 무서운 귀신을 만나고

죄를 지어 형틀에 묶여 죽게 된 사람

험한 길에서 떼도적을 만난 사람

불타는 음욕과 노여움, 어리석음이 복바쳐 죽게 된 사람

애를 낳지 못해 몸부림 치고, 잘 살던

사람이 갑자기 망하게 된 사람…

이러한 모든 사람들이 저 관세음보살의 위신을 믿고 따라 귀의하면

마치 메마른 사막에 단비가 내리듯이 어두운 곳에서 빛을 만나듯

모든 고통과 액난을 벗어나 전도(顚倒) 몽상(夢想)을 깨닫고

마침내 열반을 증득하고 큰깨달음을 얻는다 하였다.

왜냐하면 그 마음은

① 대자대비하고

② 절대 평등하며

③ 하염이 없고

④ 물듦이 없고

⑤ 모든 것을 빈마음으로 보고

⑥ 누구든지 공경하고

⑦ 내 몸을 낮추고

⑧ 어지러움이 없고

⑨ 다른 견해를 취하지 않고

⑩ 위없는 깨달음으로 보는 무상보리심을 가지고 있기 때문이다.

주가촌에 조각해 모신 관세음보살

그러면 그는 어떻게 하여 그렇게 위대한 힘을 가진 성자가 되었는가.

부처님 경전을 통하여 알아보기로 하자.

보타낙가산의 전경 · 누워계신 부처님 같다.

참된 구도자 관세음보살

관세음보살의 역사에 관해 기록한 책자는 수 백 가지가 넘는다. 그러나 우리가 늘 아침저녁으로 읽는 반야심경에는 반야의 체험자로써 관세음보살이 나오고 천수경에서는 세기의 구도자로써 그 모습이 열렬하다.

1. 반야의 체험자 관세음보살

반야심경의 제목은
"마하반야바라밀다심경"이다.
"위대한 지혜로써 생사고통의 바다를 건너가는 핵심적인 경전" 이라는 말이다.
그러면 그 지혜를 얻은 사람이 있는가.
있다. 반야심경에서는 관세음보살이 그 증인으로써 나온다.
"5온이 공한 도리를 비추어 보고, 일체의 고통과 액난을 벗어났다."
그러면 여기서 5온이란 무엇인가.
이 몸을 구성한 색·수·상·행·식 다섯 가지 요소이다.
색(色)은 육체를 형성한 지·수·화·풍(地 水 火 風)
4대의 원소를 말하고,
수·상·행·식(受 想 行 識)은 감수 상상 의지 분별의 정신 작용이다.
정신과 육체는 여러 가지 요소와 인연 따라 모여져 그 바탕이 공하다.
그런데 그 공(空)이 어느 쪽에 치우쳐 있는 것이 아니라

色不異空　색은 공과 다르지 않고

空不異色　공은 색과 다르지 않으며

色卽是空　색이 곧 공이고

空卽是色　공이 곧 색이다.

受想行識도 亦復如是　수·상·행·식도 마찬가지다.

또 그 공은

不生不滅　생도 아니고 멸도 아니고

不垢不淨　더럽지도 않고 깨끗하지도 않고

不增不減　불어나지도 않고 줄어들지도 않는다.

영원한 생명속에 청정한 복덕성을 가지고 있기 때문이다.

관세음은 이러한 도리를 깨닫고 일체 전도몽상(顚倒夢想)을 여의고

열반을 증득, 마침내 아뇩다라삼먁삼보리를 얻었다.

원 각 탑

심 자 석

No. 1061 (cf.No.1056,1057,1058,1060,1062-1064)

千手千眼觀自在菩薩廣大圓滿無礙大悲心陀羅尼呪本一卷

大唐贈開府儀同三司諡大弘教三藏沙門金剛智奉　詔譯

千手千眼觀自在菩薩廣大圓滿無礙大悲心

금강지 스님의 천수경 원본

불국사 석굴암 11면 관세음보살

2. 천수경과 관세음보살

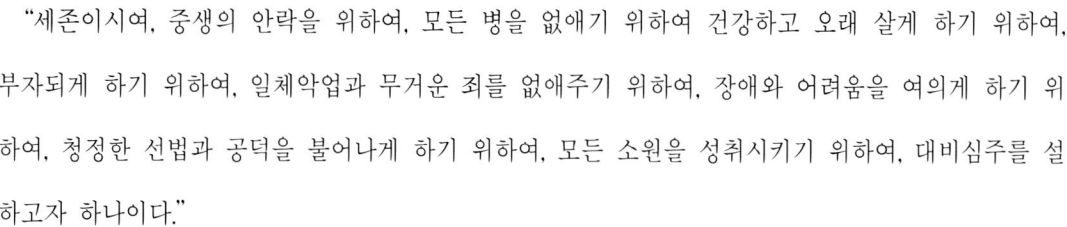

부처님께서 보타락가산 관세음보살 궁전에 계실 때 관세음보살께서 은근히 신통을 나타내어 큰 광명을 놓으시니 3천대천세계가 모두 금색으로 변하였다. 이때 총지왕보살이 부처님께 물었다.

"누가 바른 깨달음을 이루어 대광명을 놓습니까?"

"관세음보살이 대비심다라니를 설하고자 한 까닭이니라."

그때 관세음보살이 말했다.

"세존이시여, 중생의 안락을 위하여, 모든 병을 없애기 위하여 건강하고 오래 살게 하기 위하여, 부자되게 하기 위하여, 일체악업과 무거운 죄를 없애주기 위하여, 장애와 어려움을 여의게 하기 위하여, 청정한 선법과 공덕을 불어나게 하기 위하여, 모든 소원을 성취시키기 위하여, 대비심주를 설하고자 하나이다."

"좋다. 그대가 일체중생의 안락을 위하여 청광왕정주여래께서 얻은 광대원만무애대비심다라니를 설하고자 하니 참으로 착하도다."

"부처님 저는 겨우 초지에 이르렀을 때 이 주문을 듣고 당장에 8지에 올라 천수천안을 갖추게 되었습니다. 만일 누구나 이 주문을 외워 지니고자 하는 이는 마땅히 16대 서원을 세워야 합니다."

① 속히 일체법을 알고
② 지혜의 눈을 얻고
③ 중생을 제도하고
④ 편리한 방편을 얻어
⑤ 반야선을 타고
⑥ 고해를 건너
⑦ 계와 선정을 닦고

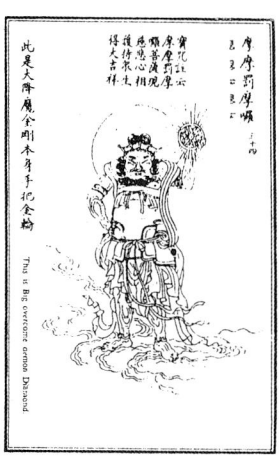

⑧ 열반산에 올라

⑨ 무위의 집에 들어가

⑩ 법성신을 증득하여야 합니다.

그리고

① 칼산지옥에 가면 칼산이 저절로 무너지고

② 화탕지옥에 가면 화탕이 저절로 말라지고

③ 모든 지옥에 가면 지옥이 저절로 소멸되고

④ 귀신세계에 가면 아귀가 저절로 배부르고

⑤ 수라세계에 가면 수라가 악심을 조복받고

⑥ 축생세계에 가면 축생이 지혜를 얻게 되어야합니다.

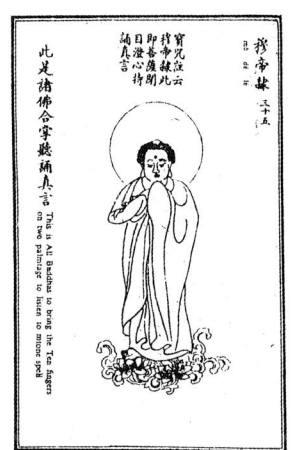

그러나 나의 이름을 지극히 부르고 나의 담임선생님이신 아미타불
이름을 부른 뒤 신묘장구를 외우면 누구나 불국토에 가서 태어나게 됩니다.
만일 어떤 사람이 대비심주를 외웠는데도

① 3악도에 떨어지고

② 불국토에 태어나지 못하고

③ 삼매와 변재를 얻지 못하고

④ 현생에서 소원을 성취 하지 못하고

⑤ 여인이 남자의 몸을 원해 성취하지 못한다면

　　저는 결정코 성불하지 않겠습니다.

만일 중생이 상주물을 훔치거나 도용하면 그 죄가 크지만
천수경을 읽고 참회하면 마침내 보리를 이루게 될 것입니다.
뿐만 아니라 이 주문을 외우면 열다섯 가지

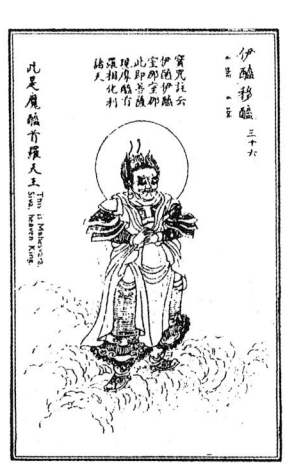

나쁘게 죽지 않는 일이 있게 될 것이니

① 굶어죽지 않고

② 죄인 되어 결박당해 형벌로 죽지 않고

③ 원수 맺고 복수당해 죽지 않고

④ 전쟁이 나서 죽지 않고

⑤ 호식하여 잔인하게 죽지 않고

⑥ 독사와 지네 독충에 물려 죽지 않고

⑦ 물이나 불 재앙을 입어 죽지 않고

⑧ 독약 먹고 죽지 않고

⑨ 뱃속에 있는 해충 때문에 죽지 않고

⑩ 미쳐 실성해 죽지 않고

⑪ 산이나 나무 언덕에서 떨어져 죽지 않고

⑫ 악인 이나 도깨비에게 홀려 죽지 않고

⑬ 삿된 귀신이나 악귀에 죽지 않고

⑭ 악병에 걸려 죽지 않고

⑮ 비명횡사하거나 자살하여 죽지 않으며

또 선한 곳에 태어나는 열다섯 가지 공덕이 있습니다.

① 태어나는 곳마다 좋은 왕

② 좋은 나라

③ 좋은 시절

④ 좋은 벗을 만나

⑤ 몸의 모든 기관이 완전하고

⑥ 도심이 무르익어

⑦ 계율 잘 지키고

⑧ 권속들이 의롭고 화합하며

⑨ 재물과 음식이 항상 풍족하고

⑩ 다른 사람들의 공경과 도움을 받고

⑪ 뜻하고 구하는 것을 다 얻고

⑫ 천룡의 가호를 받고

⑬ 선신의 보호를 받으며

⑭ 태어나는 곳마다 부처님을 뵙고

⑮ 불법의 깊은 이치를 깨닫게 될 것입니다.

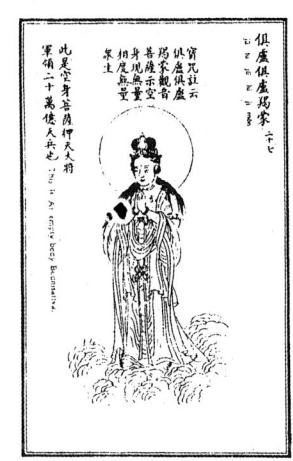

그리고 대비심주를 설하였다.

나모라 다나다라야야 : 거룩하신 3보님께 귀의하나이다.

나막알약바로기제 새바라야 모지사다바야 : 성관자재보살대비주께
마하사다바야 마하가로니가야　　　　　　　귀의하나이다.

옴 살바바예수 다라나 가라야 : 일체 공포에서 수호 해주시는님께 귀의하나이다.

다사명 나막까리다바 이맘알약 바로기제 새바라 다바 : 귀의하며 성관자재께서 설하신
　니라간타 나막하리나야 마발다 이사미　　　　　　청경주를 지송하리니

살발타 사다남 수반아예염 살바보다남 : 모든 소원을 이루고 승묘한 지혜로
바바마라 미수다감　　　　　　　생사의 길을 정화하기 위하여

15

다냐타 : 그것은 다음과 같습니다.

옴 아로계 아로가 마지로가 지가란제 : 옴 세간 비세간 출세간을 벗어나는
혜혜하례 마하 보디사바하 : 대보살의

사마라 사마라 하리나야 : 심주(心呪)여

쿠로쿠로 갈마 사다야 사다야 : 모든업을 성취시켜 나가도록
　　　　　　　　　　　　　　　　해주시는

도로도로 미연제 마하미연제 : 조어사 대조어사이시여

다라다라 다린나레 새바라 : 세상을 마음대로 하시는 자이시여,

자라자라 마라 미마라 아마라 : 때(垢)와 때를 여의어 때가 없이 하겠습니다.

몰제 예혜혜 로게새바라 라아미사미 나사야 : 세상을 마음대로 하여 탐, 진, 치 3독을
　　　　　　　　　　　　　　　　　　　　　소멸해주시는 이여
호로호로 마라호로 하례 바나마 나바 : 연꽃 배

사라사라 시리시리 소로소로 못자못자 : 깨달음으로써(悟) 깨달음에
모다야 모다야　　　　　　　　　　　 나아가고 깨닫고(覺) 깨달은

매다리야 니리간타 : 사랑스러운 청경보살이시여,

가마사 날사람 : 사랑스럽게 좋게보시고

바라 하라나야 마낙 사바하 : 기쁜 마음으로 보시고

니리간타야 사바하 : 청경보살이시여,

바라하 목카싱하 목카야 사바하 : 돼지의 얼굴 사자의 모습을 한 보살이시여

바나마 핫다야 사바하 : 연꽃을 손에 든 보살이시여,

쟈가라 욧다야 사바하 : 수레를 타고 포교하시는 보살이시여,

상가섭나네 모다나야 사바하 : 소라 고통소리로 깨닫게 하는 보살이시여,

마하라 구타다라야 사바하 : 큰 병(혹 棒)을 가지신 보살이시여,

사바하 바마사간타 이사시체다 가린나 이나야 : 호랑이 가죽으로 옷을 해입은 보살이시여,

| 사바하 나모라 다나다라야야 : | 3보께 귀의하옵고 성관자재보살님께 |
| 나막알약 바로기제 새바라야 사바하 | 귀의합니다 |

이렇게 주문을 설하고 나자 천지가 6종으로 진동하고 천마 외도가 다 도과를 얻고 4과를 증득하였으며, 초지보살이 10지에 올랐으며 모든 귀신들도 모두 깨닫게 되었다.
  이때 범천이 다라니의 모습을 묻자 관자재보살이 답했다.

"이 다라니의 모습은 대자대비이고 평등심, 무위심, 무염착심, 공관심, 공경심, 비하심, 무잡란심, 무견취심, 무상보리심이다."

"그러면 이 신주를 어떻게 지녀야 됩니까?"

"일체 중생을 제도할 것을 서원하고 몸으로 청정한 계를 지키고 평등한 마음으로 외우되 끊어지지 않게 하라."

하고 밀적금장과 오후군다등에게 명령하여 보호하도록 하였다.

부처님께서 아난존자에게 말씀하였다.

"이 신주의 이름은 어떤 곳에는 광대원만, 무애대비심, 구고, 연수, 멸악취, 파악업장, 만원(滿願), 수심자재, 속초상지자재라고도 부른다. 또 이 보살은 관세자재, 견색 천광안보살이라 부르기도 한다. 과거 무량겁전에 이미 성불하여 정법명왕여래라 불렀는데 일체 중생의 보리도를 성숙시키고 안락을 얻기 위해 세상에 나타나신 분이며 이름도 듣기 어려운 분이다.

만일 부자 되기 위하면 여의수주진언을 외우고,

불안한 사람이 안락을 얻기 원하면 견색수진언을 외우고,

뱃속의 병을 치료코자 하면 보발수진언을 외우고,

천마를 항복받고자 하면 발절라수진언을 외우면 모든 소원을 성취하리라.

원수나 도적을 꺾고자 하면 금강저수진언을 외우고,

때와 장소에 두려움을 느끼는 자는 시무외수진언을,

눈이 어두워 광명을 구하고자 하면 일정마니수진언을,

열병이나 독병으로 청량을 구하는 자는 월정마니수진언을,

영화나 벼슬을 구하는 자는 보궁수진언을,

착한 벗을 구하는 자는 보전수진언을,

몸에 병이 있으면 양류지수진언을,

아홉 가지 횡난을 없애려면 백불수진언을,

권속의 화순을 바라면 호병수진언을,

호랑이나 표범의 악한 짐승을 물리치고자 하면 방패수진언을,
관재구설을 여의고자 하면 월부수진언을,
아들 딸 심부름꾼을 구하고자 하면 옥환수진언을,
여러 가지 공덕을 성취하고자 하면 백연화수진언을,
시방불국토에 가서 태어나고자 하면 청련화수진언을,
광대한 지혜를 성취하고자 하면 보경수진언을,
시방제불을 친견코자 하면 자연화수진언을,
땅속의 보물을 구하고자 하면 보협수진언을,
선도를 속히 성취코자 하면 5색운수진언을,
범천에 나기를 원하면 군지병수진언을,
도솔천의 미륵보살을 만나기 원하면 홍련화수진언을,
외적을 물리치고자 하면 극삭수진언을,
선신을 부리고자 하면 보라수진언을,
귀신들을 마음대로 부리고자 하면 촉루장수진언을,
시방제불의 마정수기를 받고자 하면 수주수진언을,
범음성을 성취하고자 하면 보탁수진언을,
구변과 언사에 뛰어나고자 하면 보인수진언을,
천룡의 보호를 받고자 하면 구시철구수진언을,
자비로 중생들을 보호해주고자 하면 석장수진언을,
귀신과 용 뱀 호랑이 사람들로 하여금 공경과
사랑을 받고자 하면 합장수진언을,
항상 부처님 곁에 태어나고자 하면 화불수진언을,
태어날 때마다 부처님 궁전에 태어나고자 하면 화궁전수진언을,
총명예지한 사람이 되고자 하면 보경수진언을,

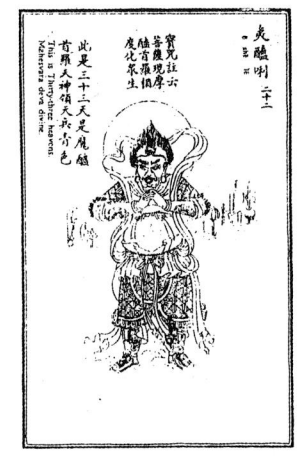

성불할 때까지 불퇴전의 마음을 가지고자 하면 불퇴금륜수진언을,
부처님의 수기를 속히 받기를 원하면 정상화불수진언을,
주식열매의 풍년을 기원하면 포도수진언을 각각 외우라."

하였다. 앞의 천수다라니가 통치약이라 한다면
뒤의 42수 진언은 별치약이라 볼 수 있다.
그러므로 성관자재보살공덕찬에는
관세음보살의 공덕을
다음과 같이 칭찬하였다.

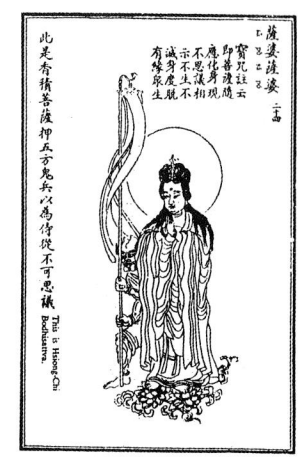

歸命最聖觀自在 거룩하신 관자재 보살님께 귀명하나이다
滿月妙相蓮華生 보름달 같은 미묘한 모습 연꽃에 나타나
能以無畏施有情 두려움 없는 마음으로 중생을 편안하게 해주시는 이여
我今稱讚彼功德 저희들이 이제 그 공덕을 찬탄하나이다

一切善法悉具足 일체 훌륭한 법 두루 다 갖추시고
頂戴諸佛大智冠 모든 부처님 지혜의 관에 모시어 이신
福慧莊嚴最上尊 복덕과 지혜 최상의 높으신 몸 장엄하신 이여
是故歸命蓮華手 자비로운 연꽃 손길에 귀명하나이다

息除無量諸苦惱 한량없는 고통과 번뇌 쉬어 없애고
夢中怖畏亦不生 꿈속에선들 한 가닥 두려움 있겠습니까
乃至壽命欲終時 이 세상 숨거두고 숨거둘 때는
菩薩現身而安慰 님께서 사랑스런 몸 나투어 위안해 주시리

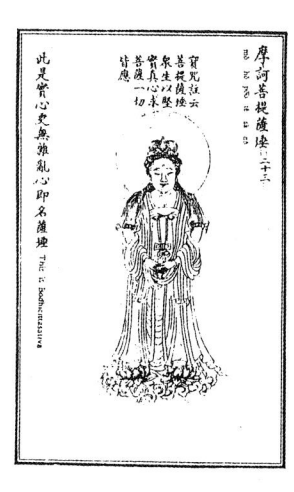

수월 관세음보살

3. 능엄경과 관자재보살

부처님께서 사위성 기수급고독원에 계실 때 아난존자가 물었다.

"후세 수행자들이 수행을 할 때 두루 통하는 원통법문을 일러주시는데
특히 관세음보살은 어떻게 공부하였는지 설명해주시면 좋겠습니다.

그때 관세음보살이 자리에서 일어나 말했다.

"나는 수없는 겁전에 관세음부처님이 이 세상에 계실 때 보리심을 내었는데, 그 부처님께서 '많이 듣고(聞) 깊이 생각하고(思) 실천하면(修) 마침내 삼마지를 얻는다' 하시기로 처음 듣고, 듣는 놈이 누구인가를 찾아 소리를 벗어나 그 소리가 고요해지니 시끄러움과 고요한 것이 둘 아닌 경지가 분명히 나타났습니다.

이렇게 점점 깊이 들어가니 듣는 것과 들리는 것이 다하고 깨달음이 훤히 들어나 들어난 것까지도 들어나니 마침내 생과 멸을 뛰어넘어 적멸을 얻게 되었습니다. 세간 출세간을 뛰어넘어 온 세계가 뚜렷이 나타났는데 거기서 저는 뒤로 시방제불의 본래 묘한 깨들은 마음(本妙覺心)과 합하여 여래의 기쁨을 함께 나눌 수 있게 되었고, 또 아래로 육도중생을 어여삐 여겨 희망을 줄 수 있는 길이 열려 32응신을 나투게 되었습니다.

보살들이 삼매 속에서 무루(無漏)를 닦아 수승한 앎이 나타나면
제가 부처의 몸을 나투어 설법하여 해탈케 하고
유학인들이 고요하고 밝은 마음이 나타나면 독각신을 나투어 설법하고
12인연을 끊고 수승한 성품에 묘한 작용 나타나면 연각신을 나투어 설법하고
4제가 공해지고 도를 닦아 열반에 들려 하면 성문신을 나투어 설법하고
모든 중생 음욕심을 밝게 깨닫고 욕망심이 밝아지면 법왕신을 나투어 설법하고
중생들이 천주가 되어 하늘을 다스리고자 하면 제석신을 나투어 설법하고
중생몸에 자유를 얻어 시방세계에 다니고자 하면 자재천신으로 설법하고

중생들이 몸에 자유를 얻어 허공을 날고자 하면 대자재천신으로 설법하고
중생들이 귀신들을 통솔, 국토를 구호하고자 하면 천대장군신으로 설법하고
중생들이 세계를 통솔하여 보호하고자 하면 4천왕의 몸을 나투어 설법하고
중생들이 천궁에 나서 귀신들을 부리고자 하면 4천왕의 태자신으로 설법하고
중생들이 사람의 왕이 되기를 희망하면 인왕의 몸을 나투어 설법하고
중생들이 족성주가 되어 세상을 추앙하고자 하면 장자신으로 설법하고
중생들이 명언을 가지고 청정세계 살기를 희망하면 거사몸으로 설법하고
중생들이 국토를 통치, 주현을 다스리고자 하면 제관의 몸을 나투어 설법하고
중생들이 술수를 통해 위생을 조립하고자 하면 바라문신으로 설법하고
만일 어떤 남자가 배움을 즐겨 출가수행코자 하면 비구신으로 설법하고

만일 어떤 여자가 배움을 즐겨 출가수행코자 하면 비구니신으로 설법하고
만일 어떤 남자가 5계를 지키기를 희망하면 우바새가 되어 설법하고
만일 어떤 여자가 5계를 지키기를 희망하면 우바이가 되어 설법하고
만일 어떤 여자가 내정으로 입신하여 국가를 다스리고자 하면
내가 그곳에 여주 국부인 명부(命婦) 대가(大家)의 몸을 나투어 설법하고
만일 중생이 남근을 무너뜨리지 않고자 하면 동남의 몸을 나타내고
만일 처녀가 처녀의 몸을 지니고자 하면 동녀의 몸을 나타내고
만일 천인들이 천의 무리에서 벗어나고자 하면 천인의 몸을 나타내고

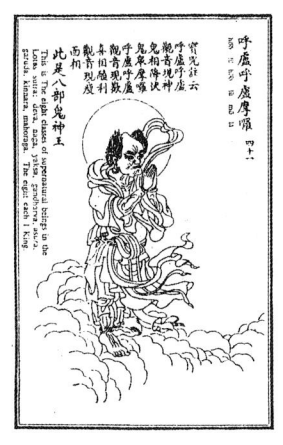

만일 용들이 용의 무리에서 벗어나고자 하면 용신을 나투어 설법하고
만일 야차들이 야차의 무리에서 벗어나고자 하면 야차신으로 설법하고
만일 건달바들이 건달바 중에서 벗어나고자 하면 건달바신으로 설법하고
만일 아수라들이 아수라 중에서 벗어나고자 하면 아수라신으로 설법하고
만일 긴나라들이 긴나라 중에서 벗어나고자 하면 긴나라신으로 설법하고
만일 마호라가 마호라 중에서 벗어나고자 하면 마호라가신으로 나투어 설법하고

만일 중생들이 사람을 좋아하여 사람의 길 닦으면 사람의 몸으로 설법하고

만일 사람 아닌 것들이 유형, 무형, 유상, 무상에서 벗어나고자 하면

내가 그와 같은 사람의 몸을 나투어 설법, 그 같은 몸을 성취하게 한다.

이렇게 나는 문훈문수금강삼매의 지음이 없는 묘한 힘으로

3세 시방 중생들에게 14무외의 공덕을 얻게 하나니

첫째는 제가 스스로 음(音)을 관(觀)하지 아니하고, 관하는 자를 관(觀)함으로써

시방의 고뇌하는 중생들로 하여금 그 음성을 관하여 해탈케 하고

둘째는 지견(智見)을 돌이켜 회복하였으므로, 중생들로 하여금 큰 불에 들어가도

불이 능히 태우지 못하게 하고

셋째는 관청(觀聽)을 돌이켜 회복하였으므로 중생들로 하여금 큰 물에 표류해도

물이 능히 빠지도록 하지 못하게 하고

넷째는 망상(妄想)을 끊어 없애 살해(殺害)의 마음이 없으므로 중생들로 하여금

귀신들의 나라에 들어가도 귀신이 능히 해치지 못하게 하고

다섯째는 문(聞)을 훈(熏)하여 문(聞)을 이루고 육근(六根)이 소복(鎖復)되어

소리를 들음과 같으므로 중생들로 하여금 피해를 당해도 칼이 조각조각 부서지며,

그 병과(兵戈)가 물을 베고 빛을 붓는 듯하여 성품이 동요하지 않게 하고

여섯째는 문훈(聞熏)이 정명(精明)하여 법계에 두루 비치어 모든 어두운 성품이

온전하지 못하므로, 중생들로 하여금 야차(藥叉), 나찰(羅刹), 구반다(鳩槃茶),

비사차(毗舍遮), 부단나(富單那) 등이 그 곁에 가더라도 눈으로 보지 못하게 하고

일곱째는 음(音)의 성질이 원만히 소멸하고 관청(觀聽)이 돌이켜 들어가 진(塵)의 허망함을

여의었으므로 중생들로 하여금 금하고 얽어맴과 형벌의 도구가 능히 붙지 못하게 하고

여덟째는 음(音)이 소멸하고 문(聞)이 원융하여 기쁨 주는 힘을 두루 내었으므로,

중생들로 하여금 험한 길을 지나가도 도적이 겁탈하지 못하게 하고

아홉째는 문(聞)을 훈습(熏習)하고 진(塵)을 여의어 색(色)이 겁탈하지 못하므로, 모든 음욕 많은 중생으로 하여금 탐욕을 멀리 여의게 하고

열째는 음(音)이 순일하고 진(塵)이 없어지고 근(根)과 경(境)이 원융하여 대함과 대할 것이 없으므로 분한(忿恨)이 많은 중생으로 하여금 성냄을 여의게 하고

열한째는 진(塵)이 스러지고 명(明)에 돌아가 법계(法界)와 몸과 마음이 유리처럼 맑아 장애가 없으므로, 혼둔하여 성품이 막힌 아전가(阿顚迦)들로 하여금 치암(癡暗)을 영원히 여의게 하고

열두째는 형상이 소융(消融)하고 문성(聞性)을 회복하여 도량에서 움직이지 아니하고 세간을 끌어들이되 세계를 손괴(損壞)시키지 아니하며, 시방에 두루하여 가는 티끌 같은 모든 부처님 여래를 공양하여 여러 부처님의 법왕자가 되었으므로, 법계의 자식 없는 중생들의 아들 낳기를 구하는 이들로 하여금 복덕이 구족하고 지혜가 많은 남자를 탄생케 하고

열세째는 육근(六根)이 원통하고 밝게 비추임이 둘이 없어 시방세계를 포함하였으며, 대원경지(大圓鏡智)와 공여래장(空如來藏)을 세워 시방의 가는 티끌 같은 여래의 비밀한 법문을 순종하여 이어받아 잃지 않았으므로, 법계의 자식 없는 중생들의 딸 낳기를 구하는 이로 하여금 단정하고 복덕 있고 유순하여 사람들이 애경(愛敬)하는 잘 생긴 딸을 탄생케 하나이다.

열넷째는 이 삼천대천 세계의 백억 해와 달에서 세계에 현주(現住)하는 법왕자가 62항하사가 되는데, 법을 수행하고 모범을 드리워 중생을 교화하되, 중생을 수순하는 방편과 지혜가 각각 같지 않나이다. 제가 얻은 원통본근(圓通本根)이 묘한 이문(耳門)을 발한 후에 몸과 마음에 미묘하게 함용(含容)하여 62항하사 법왕자의 이름을 지녀 외우는 이로 더불어 두 사람의 복덕이 같아 다르지 않게 하나이다.

세존이시여, 저 한 사람의 이름이 여러 보살의 이름과 다르지 아니함은 제가 참된 원통을 닦아 익힌 까닭이니, 이것이 14무외력으로써 중생에게 복을 주는 것입니다.

세존이시여, 저는 또 이 원통을 얻어 위없는 도를 닦아 증득하였으므로,
또 네 가지 부사의(不思議)한 지음 없는 묘한 덕을 얻었나이다.

첫째는 제가 처음으로 묘하고 묘한 문심(聞心)을 얻고 마음이 정미(精微)로와지며, 문(聞)을 버리어서 보고 듣고 깨닫고 아는 것이 능히 나누어 떨어지지 않고 한결같이 원용하고 청정한 보배로운 깨달음을 이루었으므로, 저는 여러 가지 묘한 용모를 나타내어 그지없이 비밀한 신주(神呪)를 말하나이다. 그 중에서 일수(一首), 삼수, 오수, 칠수, 구수, 십일수 내지 일백팔수, 천수, 만수, 팔만 사천 삭가라수(爍迦羅首)를 나투기도 하고, 이비(二臂), 사비, 육비, 팔비, 십비 십이비, 십사, 십육, 십팔, 이십, 이십사비 내지 일백팔비, 천비, 만비, 팔만사천 모다라비(母陀羅臂)를 나투기도 하고, 이목(二目), 삼목, 사목, 구목 내지 일백팔목, 천목, 만목, 팔만사천 청정보목(淸淨寶目)을 나투기도 하는데, 혹은 자비하게 혹은 위엄있게 혹은 정(定)으로 혹은 혜(慧)로 중생을 구호하여 대자재를 얻나이다.
둘째는 거의 듣고 생각함이 육진(六塵)을 벗어난 것이 마치 소리가 담을 넘어가되, 장애되지 않음과 같으므로 제가 능히 가지가지 형상을 나타내어 가지가지 주문을 외며, 그 형상과 주문이 능히 무외로 중생에게 베푸는 것이므로 시방 티끌처럼 많은 국토에서 저를 이름하여 '무외를 베푸는 이'라 하나이다.
넷째는 제가 불심(佛心)을 얻어 끝까지 증득하옵고 능히 진보로써 갖가지로 시방 여래께 공양하오며, 겉으로 법계의 육도 중생에게까지 미치었으므로, 아내를 구하는 이는 아내를 얻고, 자식을 구하는 이는 자식을 얻고, 삼매(三昧), 장수(長壽), 내지 대열반(大涅槃)을 구하는 이는 모두 삼매와 장수, 대열반을 얻게 하나이다.
부처님께서 원통(圓通)을 물으시니, 저는 이문(耳聞)으로 두루 비추는 삼매로부터 연(緣)을 따라 응화(應化)하는데 마음이 자재로와지고, 인하여 유(流)의 모습에 들어가 삼마지를 얻어 보리를 성취하는 것이 제일이라 하겠나이다. 세존이시여, 저 부처님 여래께서 제가 원통법문을 잘 얻었다 찬탄하시고 큰 법회 중에 저를 수기(授記)하여 관세음이라 하셨아오니, 저의 관청(觀聽)이 시방에 뚜렷이 밝았으므로 관세음이란 이름이 시방세계에 알려지게 되었나이다."

觀音菩薩無說說 관세음보살은 말없이 설하고
南巡童子不聞聞 남순동자는 들음 없이 듣네
瓶上綠楊三際夏 병 위의 푸른 버들 언제나 여름이고
巖前翠竹十方春 바위 앞 푸른 대는 언제나 봄일러라

청나라 화암이 그린 관세음보살

4. 법화경 관세음보살 보문품경

그때 무진의보살이 물었다.

"세존이시여, 관세음보살은 무슨 인연으로 이름을 관세음이라 하나이까?"

"중생들이 여러 가지 고통속에 빠져 있을 때 관세음보살이 이름을 부르면 그 소리를 듣고 와서 모든 고통을 벗겨주기 때문이다.

가령 큰 불구덩이에 들어가도 불이 능히 태우지 못하고

큰 물에 떠내려가도 얕은 곳을 얻게 되고

큰 바다에 표류해서 폭풍우를 만나 나찰국에 떨어져도 나찰의 난을 벗어나고

사람이 독해를 입어 죽게 되었더라도 그들의 가진 칼과 막대기가 부서지고

3천대천국토에 가득찬 야차 나찰을 만났더라도 눈으로 보지 못하게 되고

죄인이 되어 손발에 고랑을 채웠더라도 곧 고랑과 사슬이 부서져 끊어지며

도적과 원수에 에워싸였을지라도 그 난을 벗어나게 되고

음욕이 치성한 사람은 음욕을 여의게 되고

성냄이 많은 자는 성냄에서 벗어나고

어리석은 마음이 많은 자는 어리석음이 없어지고

아들 딸 낳기를 원하면 지혜있는 아들과 단정한 딸을 낳게 되느니라."

"부처님. 관세음보살이 사바세계 유행할 때는 어떤 모습으로 나타납니까?"

"중생의 원을 따라 나타나나니, 부처님의 몸으로 제도할 자에게는 부처님 몸을 나타내어 제도하고, 벽지불, 성문, 범왕, 제석, 자재천, 대자재천, 천대장군, 비사문천왕, 소왕, 장자, 거사, 재상, 바라문, 비구, 비구니, 우바새, 우바이, 장자, 거사, 재상, 바라문의 부인, 동남, 동녀, 천, 용, 야차, 건달바, 아수라, 가루라, 긴나라, 마후라가, 인비인, 집금강신의 몸으로 제도하여야 할 사람들에게는 각기 거기 해당되는 몸을 나타내어 그에 알맞게 설법하여 제도하느니라.

관세음보살은 이와 같이 무섭고 급한 험난 중에서 능히 두려움을 없애주나니, 진관(眞觀), 청정관, 광대지혜관, 자비관을 가지고 때없이 깨끗한 지혜의 빛으로 어두움을 깨쳐 3재 8난을 없애주느리라.

사랑스러운 몸, 계체(戒體)는 우레와 같고 인자한 마음은 묘한 구름과 같아 감로의 법비를 뿌리지 아니함이 없나니 송사 때나 전쟁 때에도 관세음을 생각하면 곧 원수의 무리들이 물러가나니라.

묘음관세음, 청정해조음은 세상의 소리보다 뛰어나기 때문이다.

그러므로 생각생각에 의심하지 말라. 관세음은 청정하신 성인이기에

고뇌와 죽을 액에 있어서 능히 의지와 믿음을 짓느니라."

具足神通力　신통력을 구족하고
廣修智方便　널리 지혜와 방편을 닦아
十方諸國土　시방의 모든 국에
無刹不現身　몸을 나타내지 않는 곳이 없느니라.

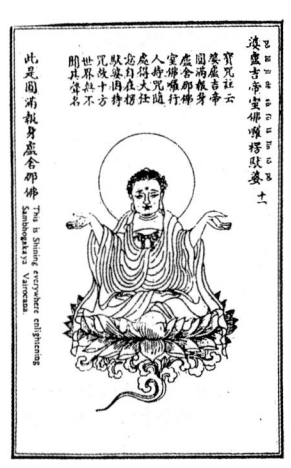
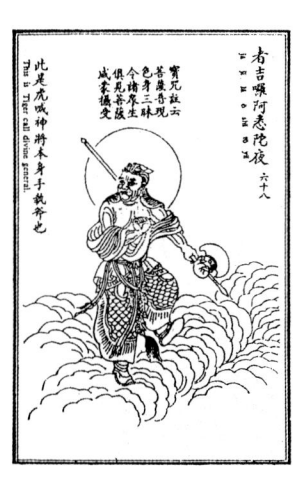

부처님당시 베살리성에 나타난 일광삼존불
(중앙 아미타불. 좌보처 관세음보살. 우보처 대세지보살)

5. 청관세음보살 소복독해다라니경의 관세음보살

부처님께서 베살리국 암라수동산 죽림정사 중각강당에 계실 때 베살리국 사람들이 악병에 걸려 눈에 핏발이 서고 귀에서 고름이 나고 코에서는 코피가 흘러 소리도 내지 못하고 물도 마실 수 없어 마치 술취한 사람과 같이 되어 미쳐 날뛰자 월개장자가 물었다.

"부처님 명의 기바 의사가 온갖 노력을 다 하였으나 결과가 없어 모든 백성들이 다 죽게 되었으니 어떻게 하면 좋겠습니까?"

"서방 극락세계 아미타불이 계시고 거기 관음, 세지 양대보살이 있으니 꽃과 향으로 청하라."

사람들이 마음을 가라앉히고 그 이름을 열 번도 부르기 전에 부처님의 빛 가운데 3대사가 나타나 금색빛으로 베살리 세계가 모두 광명세계로 바뀌었다.

그때 베살리 사람들은 버드나무 가지와 깨끗한 물을 관세음보살께 드리고 발원하였다.

"원컨대 중생의 곤액을 구하사 자비로써 은혜를 덮어주시고 널리 깨끗한 광명 놓으사 어리석음 깨닫게 하옵소서."

그때 관세음보살께서 길상다라니를 설해주셨으니 그 주문은 다음과 같다.

"다냐타 오호니 모호니 염바니 탐반 안다리 반다리 수비제 반반다다라라 바사 니다지타 이리침리 제리수리 가파리 거제단기 전타리 마등기 륵차륵차 살바살타살바바야비사하 다다타가제가제니가제 수유비수유비 륵차륵차 살바바야비사하"

그때 세존께서 다시 독한 해를 없애는 다라니를 설하도록 명령하시니 관세음보살은 파악업장 소복독해다라니주를 다음과 같이 설했다.

"불타께 귀명합니다. 달마께 귀명합니다. 승가께 귀명합니다. 관세음보살 마하살 대자대비에 귀명합니다. 오직 원하오니 저희들을 가엾이 여기사 괴로움과 번뇌를 구호하시고, 일체의 두려움을 구하시어 모든 중생이 큰 보호를 얻게 하소서.

다지타 타호니 모호니 염바니탐바니아바회 모호니 안다리 반다리 수비제 반다라바사 니휴휴루루 안다리도도루루 반다리주주루루 니반다리 두두부부 반다라바사니신지 전지 니전지 살바아바야갈다 살바열 바바타가 아바야 비리타 폐전사하"

그때 부처님께서 아난존자에게 말씀하였다.
"만약 사부대중 가운데 관세음보살의 이름을 받아지니며 이 다라니를 외고 생각하는 자가 있다면 그 몸은 항상 병이 없을 것이며, 마음에도 또한 병이 없을 것이니라. 설사 큰 불이 나서 사방에서 자기 몸을 태워 들어올지라도 이 주문을 지니기 때문에 용왕이 비를 내려 곧 벗어남을 얻을 것이며, 설사 불이 몸을 태워 마디마디가 아플지라도 일심으로 관세음보살의 이름을 부르고 이 주문을 세 번만 외면 곧 아픔이 없어지고 쾌휴를 얻을 것이니라. 설사 다시 곡식이 귀하여 기근이 들고, 왕란(王難)이 일어나며, 악한 짐승이나 도적을 만나고, 길을 잃으며, 옥에 갇혀 갖가지 형벌을 당하고, 큰 바다에 들어갔을 때 검은 바람이 불어 물길을 돌이키며, 수색(水色)의 산에 야차와 나찰이 난을 일으키며, 독약과 칼로써 죽이는 형벌을 당함에 이르고, 과거의 업연(業緣)으로 현재 여러 가지 악을 지어 이러한 인연으로 모든 괴로움을 받아 두려움이 극도로 크다 하자. 이럴 때 마땅히 일심으로 관시음보살의 이름을 부르고 이 주문을 일편 내지 칠편을 외우면 그러한 독해들이 풀어 없어지리니, 악업과 악행과 선하지 못한 악의 무리가 마치 섶나무가 불에 타버리는 것처럼 길이 다하여 남음이 없을 것이니라.

이러한 인연으로 관세음보살께서 설하신 이 신주는 일체 중생에게 베푸는 감로의 묘약이라고도 이름하느니라. 병의 두려움을 없애주며, 비명횡사의 두려움을 없애주며, 묶이고 얽매이는 두려움을 입지 않게 하며, 탐 진 치 삼독 등의 두려움을 떠나게 하나니, 그러므로 이 사바세계가 모두 관세음보살을 무외(無畏)를 베푸시는 이라고 부른다. 이 다라니는 관정장구(灌頂章句)이며, 위없는 범행

(梵行)이며, 궁극의 결정적인 길상(吉祥)이며, 큰 공덕의 바다로서 중생이 들으면 큰 안락을 얻으리니 마땅히 그윽하게 욀지니라.

그런데 이 다라니를 외울 때는 먼저 재(齋)를 지녀야 한다. 술을 마시지 말고, 고기를 먹지 말며, 재(灰)를 몸에 바르고 깨끗하게 목욕하며, 흥거(興渠) 등 오신채(五辛菜)를 먹지 말며, 세력을 돋우는 것은 모두 먹지 말며, 이성의 더러움에 가지 말아야 한다. 그리고 항상 시방 부처님과 칠불세존(七佛世尊)을 생각하고 일심으로 관세음보살을 뵈오면 모든 착한 원을 다 이룰 것이며 뒤에는 부처님 곁에 태어나 길이 괴로움을 여읠 것이니라.

옛날 왕사대성(王舍大城)에 한 여인이 있었는데, 전타리 라는 이름을 가진 악귀가 밤낮으로 장부의 형상을 지어가지고 와서는 이 여인을 희롱하였다. 그리하여 귀신의 정기가 몸에 붙어 이 여인은 오백명의 귀신아이를 낳았었는데, 내가 그 때 이 여인을 교화하여 관세음보살을 부르게 하였더니, 선한 마음이 이어져 선한 경계에 들었느니라. 아난아, 마땅히 알아라. 이와 같이 보살의 위신력으로 악귀를 풀어 조복시켰으며, 내 몸에서 비할 수 없는 빛깔과 형상을 볼 수 있었던 것이다.

내가 그때 하나하나의 털구멍마다 보배 연꽃을 나타내니 무수한 화신(化身) 부처님이 이구동음으로 대비로 무외 베푸는 이를 칭찬하시며, 그 여인으로 하여금 이 주문을 수지 독송케 하여 환히 알게 하셨느니라. 이 주문의 공덕은 세 가지 장애를 길이 없게 하고, 삼계옥(三界獄)의 불길을 면하게 하여 여러 가지 괴로움을 받지 않게 하며, 사백사병(四百四病)을 일시에 일어나지 못하게 하느니라.

보타낙가산 관세음보살이 선재동자에게 설법하는 장면

6. 화엄경의 관음선지식

화엄경 60권부터 80권까지 53선지식이 나와 선재동자의 구도를 돕는데 27번째 관세음보살은 수순일체중생회향을 가르친다.

"그때 선재동자는 일심으로 앞서 여러 선지식들의 가르침을 생각하고 저 보살들의 해탈과 생각을 따라 주는 힘을 얻고, 저 부처님들의 나타나시는 차례를 기억하고, 계속되는 차례와 명호, 설법, 장엄을 알고, 정등각을 이룸을 보고, 부사의한 업을 분명하게 알고서, 점점 앞으로 나아갔다.

문득 산에 이르러 바라보니, 서쪽 골짜기에 시냇물이 굽이쳐 흐르고 수목이 우거지고 부드러운 향풀이 오른쪽으로 쏠려서 땅에 깔렸는데, 관자재보살이 금강석 위에서 가부좌하고 한량없는 보살들도 보석 위에 앉아서 공경하였다.

선재가 보고는 기뻐 뛰면서 눈도 깜짝이지 않고 쳐다보면서 생각하기를

"선지식은 곧 여래며, 법 구름이며, 공덕광이라. 만나기 어렵다. 선지식은 10력의 원인이며, 다함이 없는 지혜의 횃불, 복덕의 싹, 온갖 지혜의 문, 지혜 바다의 길잡이, 온갖 지혜에 이르는 길을 도와주는 기구로다" 하고 곧 대 보살이 계신데로 나아갔다.

그때 관자재보살은 멀리서 선재동자를 보고 말하였다.

"잘 왔도다. 그대는 대승의 마음을 내어 중생들을 널리 거두어 주고, 정직한 마음으로 불법을 구하고 자비심이 깊어서 모든 중생을 구호하며, 보현의 묘한 행이 계속하여 앞에 나타나고, 큰 서원과 깊은 마음이 원만하고 청정하며, 불법을 부지런히 구하여 모두 받아 지니고, 선근을 쌓아 만족함을 모르며, 선지식을 순종하여 가르침을 어기지 않고, 문수사리의 공덕과 지혜의 바다로부터 났으므로 마음이 성숙하여 불세력을 얻고, 광대한 삼매의 광명을 얻었으며, 오로지 깊고 묘한 법을 구하고, 항상 부처님을 뵈옵고 크게 환희하며, 지혜가 청정하기 허공과 같아서 스스로도 분명히 알고 다른 이에게 말하기도 하며, 여래의 지혜의 광명에 편안히 머물러 있도다."

이때 선재동자는 관자재보살의 발에 엎드려 절하고 여쭈었다.

"거룩하신 이여, 저에게 보살도를 말씀하여 주소서."

"좋다, 좋다. 그대는 이미 무상보리심을 내었도다. 나는 보살의 크게 가엾이 여기는 행의 해탈문을 성취하였고, 이 문으로 모든 중생을 평등하게 교화하여 끊이지 아니하며, 이 문에 머물렀으므로 모든 여래의 처소에 항상 있으며 모든 중생들 앞에 항상 나타나서, 보시, 사랑하는 말, 이롭게 하는 행, 같이 일함, 육신의 나툼, 갖가지 부사의한 빛과 깨끗한 광명, 음성, 위의로써 중생을 거두어 주기도 하며, 법을 말하기도 하고, 신통변화를 나타내기도 하며, 그의 마음을 깨닫게 하여 성숙케 하기도 하고, 같은 형상으로 변화하여 함께 있으면서 성숙케 하기도 하노라.

나는 이 크게 가엾이 여기는 행문을 수행하여 모든 중생을 구호하려 하노니, '모든 중생이 험난

한 길에서 공포를 여의며, 번뇌의 공포, 미혹한 공포, 속박될 공포, 살해될 공포, 빈궁한 공포, 생활하지 못할 공포, 나쁜 이름을 얻을 공포, 죽을 공포, 여러 사람 앞에서의 공포, 나쁜 길에 태어날 공포, 캄캄한 속에서의 공포, 옮아 다닐 공포, 사랑하는 이와 이별할 공포, 원수를 만나는 공포, 몸을 핍박하는 공포, 마음을 핍박하는 공포, 근심 걱정의 공포를 여의어지이다' 하고

또, 여러 중생이 나를 생각하거나 나의 이름을 일컫거나 나의 몸을 보거나 하면,

다 모든 공포를 면하여지이다 하며,

나는 이런 방편으로써 중생들의 공포를 여의게 하고,

다시 가르쳐서 무상보리심을 내고 영원히 물러가지 않게 하노라.

나는 다만 이 보살의 크게 가엾이 여기는 행문을 얻었거니와, 저 보살들이 보현의 모든 원을 깨끗이 하고, 보현행에 머물러 있으면서, 모든 선법을 행하고, 모든 삼매에 항상 들어가고, 모든 그지없는 겁에 머물고, 모든 3세법을 알고, 모든 그지없는 세계에 가고, 모든 중생의 나쁜 짓을 항상 쉬게 하고, 모든 중생의 착한 일을 늘게 하고, 모든 중생의 죽고 사는 흐름을 끊는 일이야 내가 어떻게 알며, 그 공덕행을 말하겠는가."

그때 동방의 정취보살이 공중으로부터 사바세계에 와서 윤위산 꼭대기에서 발로 땅을 누르니, 사바세계는 6종으로 진동하고 모든 것이 여러 가지 보배로 장엄하였다.

정취보살이 몸에서 광명을 놓아 해, 달, 모든 별, 번개의 빛을 가리니, 하늘, 용들의 8부와 제석, 범천, 사천왕의 광명들은 먹 덩이와 같아지고, 그 광명이 모든 지옥, 축생, 아귀, 염라왕의 세계를 두루 비추어 모든 나쁜 길의 고통을 소멸하여 번뇌가 일어나지 않고 근심 걱정을 여의게 하였다.

또 모든 불국토에서 모든 꽃, 향, 영락, 의복, 당기, 번기를 내리며, 이러한 여러 가지 장엄 거리로 부처님께 공양하고, 또 중생의 좋아함을 따라 모든 궁전에서 몸을 나타내어 보는 이들을 모두 기쁘게 하였다.

양유 관세음보살

관세음보살의 자취

1. 인도에 나타난 관세음보살

① 바라문교의 쉬바신과 관세음보살

인도에는 4억8천만 신을 신앙하는 힌두교가 있다. 힌두교의 전신 바라문교는 불교 탄생 이전부터 이 우주 창조신으로써의 브라흐만과 법의 신 비쉬누, 파괴의 신 쉬바를 대표적인 신으로 신앙하고 있다.

동물주(動物主) 쉬바신은 여러 다양한 성품을 지닌 신으로 히말라야 산속에 살면서 몸은 재(灰)를 바르고 머리는 상투를 틀었으며, 깊이 고행을 실천한 요가행자의 모습으로 번식과 다산(多産) 링카(男根)의 상징이기도 하고 때로는 나타타나(舞王) 즉 무용수로 인식되기도 하였다.

중세 인도인들은 비쉬누와 쉬바에 대하여 뜨거운 사랑과 신앙의 표적으로 노래와 시, 이야기와 춤, 혹은 드라마를 통해서 그들을 찬양하고 공경하였다. 사실 그들 신들은 성소 깊은 곳에 안치되어 계절 따라 사제들의 주관 아래 푸자(供養儀禮)를 받되 때로는 귀한 손님처럼 때로는 한 나라의 왕처럼 섬겨지고 있었다.

그들은 각기 아내를 갖고 있는데 비쉬누는 행운의 여신 락스미를, 쉬바는 파르파티와, 칼리, 두르가 등 여러 가지 이름으로 불리우는 여인을 아내로 맞고 있다.

이외에도 인도인들은 비쉬누의 화신인 라마의 친구 하누만(원숭이)을 재주, 복덕, 지혜의 상징으로 숭배하기도 한다. 그런데 후세 대승불교가 일어나 인도의 바라문교를 불교로 흡수하기 위하여 야마를 지장신앙과 연관을 짓고 쉬바를 관세음보살과 연관을 지어 그 모습을 락스미를 32상 80종호를 갖춘 보살상으로 분장 조각하고 32응신 14무외력 4부사의 덕을 실천하는 성자로 이해하게 되었으니 이것이 장차 대승불교와 힌두교가 격의 없이 한 집안이 된 연유이다.

그런데 관세음보살 인연담은 저 유명한 관음본연경에서 찾을 수 있다.

관음보살상의 모델이 된 인도의 신상

② 조이와 속이 이야기

옛날 옛적 인도의 마열바진국에 장나장자가 마나사라는 여인을 거느리고 아들 둘을 낳았는데 관상하는 사람이 보고 큰아들은 빨리 어머니를 여의겠다고 하여 이름을 조이(早離)라 짓고, 둘째는 더 빨리 어머니를 여의겠다고 하여 이름을 속이(速離)라 지었는데, 과연 조이는 일곱 살, 속이는 다섯 살 때 어머니가 죽었다. 하는 수 없이 비라장자의 딸을 후처로 맞게 되었다.

그런데 그가 집에 들어온 지 얼마 되지 않아 큰 흉년이 들어 남편은 외국 무역에 나가고 아내는 두 아이를 살피고 있다가 옛 애인을 만나 사랑에 빠지게 되었다. 애인이 마침 뱃사공이라 단나라산에 진두라는 과일이 많이 난다는 말을 듣고 두 아이를 데리고 산보 가서 꽃을 따다 노래 부르고 춤추는 사이 새 어머니와 뱃사공은 배를 가지고 도망치고 그 아이들은 그곳에 떨어져 굶어죽게 되었다.

아이들은 죽으면서 맹세하였다.

"이 세상에는 우리와 같이 불쌍한 사람들이 많이 있습니다. 의지 없는 사람들에겐 의지처가 되고 눈 없는 사람들에겐 눈이 되고, 손발이 없는 사람에겐 손발이 되어 이 세상을 구하는 보살이 되겠습니다."

또 그들은 자신들의 옷을 벗어 손가락을 깨물어 피를 빼 이같은 서원을 혈서를 써 나뭇가지에 걸어 놓고 죽었다.

얼마 있다가 아버지가 돌아와 사방으로 찾아다니다가 마침내 단다라산에 이르러 피 묻은 옷을 보고 뼈만 앙상히 남은 두 아들의 뼈를 안고 한없이 울다가 아버지 또한 500가지 큰 원을 세우고 죽었다. (이것이 장차 여래십대 발원문으로 축소된다.)

그런데 조이와 속이는 극락세계에 이르러 관세음보살과 대세지보살이 되고 아버지는 죽어서 석가모니 부처님으로 화현하게 된 것이니 이것이 관음본연경의 설화이다.

진두과일이 많이 난다는 단나라산과 비슷한 중국 도화욕경구 동해신주와 일탄지봉

③ 관음수기경과 비화경 이야기

또 관음수기경에는 옛날 금광사자유희여래국 위덕왕이 보의(寶意)와 보상(寶相) 두 아들을 두었는데, 그들이 죽어 극락세계에 가서는 아미타불을 좌우에서 섬기는 관세음보살과 대세지보살이 되었다. 장차 성불하게 되면 보의는 보광공덕산왕여래가 되고 보상은 선주공덕보왕여래가 된다 하였다.

또 비화경에는 옛날 사제람세계 무쟁념왕이 천 명의 아들을 두었는데 왕이 친히 아들을 데리고 부처님 앞에 나아가 3개월 동안 등공양을 올렸다. 그런데 모든 아들들은 범천왕, 전륜성왕, 장자, 성문이 되기를 원했는데 보해 범지가 7년 동안 정진하고 아미타불이 되어 극락세계를 다스리는 것을 보고 첫 번째 불현태자는 관세음보살이 되고, 두 번째 니마태자는 대세지보살이 되어 아미타불을 섬기게 되었다고 하였다.

④ 기타 여러 가지 관세음보살

관음명호경에는 관세음보살의 본래 이름을 '아바로기데스바라(Avalokiteśvara)로 표기하고 "들여다 보고 다스리는 님", 그래서 중국 사람들은 관세음(觀世音), 관자재(觀自在)로 번역한 것이다. 어떤 사람은 희랍의 해신 아폴로(아바로)와 인도의 주신 스바라(스바)가 결집된 것이라 보는 자도 있다. 하여간 관세음은 세간을 구하기 위하여 5관음과 7관음, 33과음으로 나타나므로

중국 천태종에서는

① 대비관음

② 대자비관음

③ 사자무외관음

④ 대광보조관음

⑤ 천인장부관음

⑥ 대범심원관음

여섯 가지로 분류하고, 또 당나라 도수스님은 6자 영험에서

① 대비관음은 천관음

② 대자관음은 성관음

③ 사자무외관음은 마두관음

④ 대광보조관음은 11면관음

⑤ 천인장부관음은 준제관음

⑥ 대범심원관음은 여의륜관음에 비교하고

이 가운데 ⑤준제관음을 빼고 불공견색관음을 넣어 6관이라 하였다가 다시 거기 불공견색관음을 더 넣어 7관음으로 부르기도 하였다.

① 천수관음은 지옥중생을 건지는 보살로써 본래의 자기 손 두 개 외에 40개의 손을 가져 당래

중생을 건지고 있으므로 천수천안이 된 것이고

② 성관음은 아귀도를 구제하는 보살로써 머리에 부처님을 이고 있다.

③ 마두관음은 축생도를 제도하는 관음으로써 머리에 말 머리를 이고 있으며,

대개 3面 6臂를 하고 손에는 도끼, 보검, 금강저 등을 가지고 있다.

④ 11면 관음은 수라도를 제도하는 관음으로써 11품의 무명을 끊고

11지의 불과위에 있는 관세음보살인데

이 보살의 '수원즉득가라니'를 외우면 모든 소원이 즉시 성취되게 한다고 하여 유명하다.

⑤ 준제관음은 인간도를 구제하는 관음으로써 3目 2臂,

혹은 4臂, 6臂, 8臂, 10臂, 18臂, 32臂, 82臂 등 많은 팔을 가지고 있는데

3목은 혹, 업, 고 3장(障)을 없애는 것이고,

여러 가지 팔은 중생의 일을 대신해주는 팔이다.

⑥ 여의륜관음은 여의륜보주삼매로써 천상인들을 구제하는 관음인데

대개 6비좌수의 모습을 하고 여의륜을 들고 있는 마두가 많다.

⑦ 불공견색관음은 1面2臂 3面4臂 3面8臂 등의 모습을 하고

4섭법으로 중생들을 빠짐없이 구제하는 보살이다.

33관음은

① 양유(楊柳)관음

② 용두(龍頭)관음

③ 지경(持經)관음

④ 원광(圓光)관음

⑤ 유희(遊戱)관음

⑥ 백의(白衣)관음

⑦ 연화(蓮華)관음

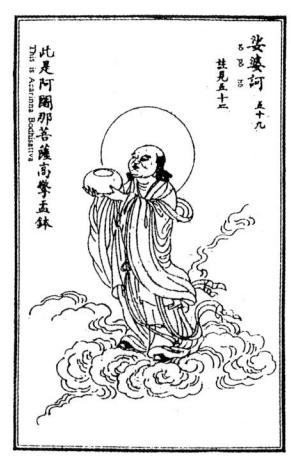

⑧ 용현(龍峴)관음
⑨ 시약(施藥)관음
⑩ 어람(魚籃))관음
⑪ 덕왕(德王)관음
⑫ 수월(水月)관음
⑬ 일엽(一葉)관음
⑭ 청경(靑頸)관음
⑮ 위덕(威德)관음
⑯ 연명(延命)관음
⑰ 중보(衆寶)관음
⑱ 암호(岩戶)관음
⑲ 능정(能靜)관음
⑳ 아뇩(阿耨)관음
㉑ 아마리(無畏)관음
㉒ 엽의(葉衣)관음
㉓ 유리(瑠璃)관음
㉔ 다라존(者道)관음
㉕ 합리(蛤莉)관음
㉖ 육시(六時)관음
㉗ 보자(普慈)관음
㉘ 마랑부(馬郎婦)관음
㉙ 합장(合掌)관음
㉚ 일여(一如)관음
㉛ 불이(不二)관음

㉜ 지연(持蓮)관음
㉝ 쇄수(灑水)관음이 그것이다.

천수경에는 열 가지
명호를 들고 있다.
① 관세음보살
② 천수보살
③ 여의륜보살
④ 대륜보살
⑤ 관자재보살
⑥ 정취보살
⑦ 만월보살
⑧ 수월보살
⑨ 군다리보살
⑩ 11면보살

⑤ 무연자비의 권화신

관세음보살은 실존 인물이 아니고 석가여래권화신이므로 몇 가지 전서(典書)가 있더라도 일정한 장소와 시간이 정해져 있는 것은 아니다.

대비경에서는 이미 천광왕정주여래에게 광대원만무애대비심대다라니를 듣고 8지 보살이 되어 천수천안을 갖추었다 하고, 그는 이미 정법명왕여래로써 악도 중생을 제도하기 위하여 화현한 보살이라 하였다.

또 중생에게 뽄을 보이기 위해 장차 무량 5불이 열반에 들고 정법이 다한 뒤에는 보리수하 금강보좌에서 변출일체광명공덕산왕여래불이 된다고도 하였다.

서양사람들은 남인도 지방신 '만주시리'와 티베트 수호신 '바치라파니'가 합하여 이루어진 것이라 하기도 하고, 나중에는 희랍의 산신(産神) '이리주의야'가 되기도 하고, 라전의 신방수호신 '루기나'가 되었다 하기도 한다. 특히 중국에서는 주나라 묘장왕의 셋째 딸 묘선공주와 연관이 있는 것으로 보고 있다.

청변스님은 미륵부처님을 친견하기 위하여 3년 동안 관음기도를 하였고, 선재동자는 53선지식 가운데 제28번째 보타낙가산에 가서 관음보살을 친견하고 대비심을 배웠다 하였으며, 계현스님은 마가다국 세무역사에 있을 때 독감에 들어 다 죽게 되었는데 꿈속에서 관세음보살을 친견하고 병이 나았다는 이야기가 있다.
    이로 미루어 보면 인도에서는 일찍부터 관세음신앙이 유행했던 것을 알 수 있다.

2. 중국의 관음신앙

① 손경덕의 몽수경

중국불교는 후한 명제 영평 7년(64)에 수입되어 역대 왕들이 신행하는 가운데 축법호가 관음경을 번역하였는데 저거몽손은 그 책을 읽고 질병이 나았고, 480년 관선지가 옥중에서 관음의 전신을 친견하고 이튿날 방면 되어 그 관세음보살을 그림으로 그려 중국 불화 가운데 관음상이 유행하게 되었다 한다.

혜원스님은 연종(蓮宗)을 개설하여 미타 3존을 신앙하였고,

남북조시대 북방에는 의읍(義邑) 제도가 있었는데 일반 사람들은 모두 읍자가 되고

스님 한 분이 읍사(邑師)가 되어 마을을 다스린 바 있다.

고승전에 배도(杯度)는 관음신앙으로 질병을 낫고 법순(法純)은 항해의 안전을 믿었으며, 손경덕(孫敬德)은 꿈속에서 관세음보살의 계시를 받고 몽수경(고왕경, 또는 구고경이라고도 함)을 얻고 옥중에서 풀려났다.

나무 관세음보살 나무불 나무법 나무승

불법유연 불법상인 상락아정 유연불법 나무 마하반야바라밀

시대신주 나무 마하반야바라밀

시대명주 나무 마하반야바라밀

시무상주 나무 마하반야바라밀

시무등등주 나무 마하반야바라밀

나무정광비밀불 법장불 사자후신족유희왕불 불공수미등왕불

법호불 금강장사자유희불 보승불 신통불 약사유리광불

보광공덕산왕불 선주공덕보왕불 과거칠불 미래현겁천불

천오백불 만오천불 5백화승불 백억금강장불 정광불

육방육불명호

동방 보광월전묘음존왕불

남방 수도화왕불

서방 조왕신통염화왕불

북방 월전청정불

상방 무수정진보수불

하방 선적월음왕불 무량제불 다보불 석가모니불 미륵불 아촉불 아미타불 중앙일체중생 재불토개 증자 범왕 제석 행주어 지상

급제허공중 지옥어일체중생 각각 안은휴식 주야수재신심

상주송차경 능멸생사고 소복어독해

나무대명관세음 관명관세음 고명관세음 개명관세음

약왕보살 약상보살 문수보살 보현보살 허공장보살 지장보살

청량산일체보살 보광여래화승보살

염염송차경 칠불세존 즉설주왈

이바이바제 구아구아제 다라니례 니하라제 비니이제 마하갈제 진령갈제 사바하

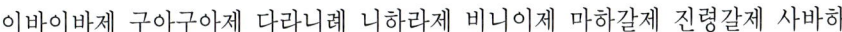

시방관세음 일체제보살 서원구중생 칭명신해탈

약유박복자 은근위해설 단시유인연 독송구불철

송경만천편 염염심부절 화염불능상 도병입최절

에로생환희 사자변성활 박연차시허 제불불망설

이것이 〈고왕경, 구고경, 몽수경〉이다.

또 개단스님은 호랑이의 보호를 받고 양성은 급유에서 구원되었으며 고매는 풍랑속에서 구함을 얻고 한당은 조난을 면했다.

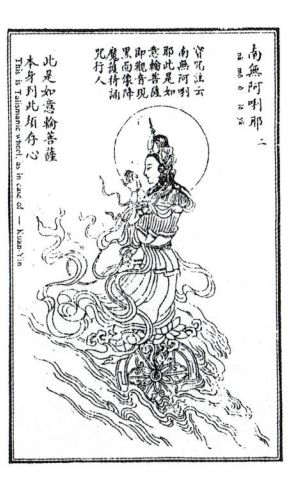

② 어람관세음

당나라 현종 년간(817)에 섬서지방 사람들이 성질이 난폭하고
도의심이 전혀없어 간탐 질투하고 살인을 일삼았다.
그런데 하루는 금사탄 위에 바구니에 생선을 담아 파는 어람 관세음이 있었다.
얼굴이 잘 생기고 마음씨가 착해 많은 사람들이 청혼해 왔으나
"관음경을 외우는 사람이 아니면 결혼하지 않겠다."
하므로 하룻 저녁 사이에 수십 명이 다 외우자 다시 금강경을 읽도록 하니
10여 명의 청년들이 당선되었다.

다음 법화경을 읽도록 했더니 마씨 성을 가진 청년 한 사람이 외워 함께 결혼했는데

초야에 갑자기 죽어 건너편 언덕에 묘지를 썼다.

그 후 얼마 있다가 한 노인이 나타나 거처를 물으므로 묘지를 가르쳐주니

연쇄골(連鎖骨)을 파서 들고

"이것이 관세음보살의 화현이다."

하여 어람관세음, 마랑부관세음보살이란 설화가 세상에 크게 회자하게 되었다.

③ 불긍거관세음보살

또 일본스님 혜약이 정명 년간(916)에 중국에 유학 왔다가 돌아가는 길에

5대산에서 관음보살 한 분을 모시게 되었는데 주산 열도를 지나가는 중

배가 신라 초에 걸려 두세 번 건져냈으나 다시 빠져 다시 헤어나지 못하자

"관세음보살이 가기를 싫어한다."

하여 마을 집을 하나 얻어 모시게 되었는데 이것이 보타낙가산 관음신앙의 전초가 된 것이다.

3. 한국의 관음신앙

고구려 소수림왕 2년 서기 372년에 처음 들어온 불교는 백제와 신라 땅에서 꽃을 피웠다.
먼저 백제 땅에서 가장 유명한 관음신앙은 옥과 관세음보살로 이해되고 있다.

① 옥과 관세음보살

옛날 낙안 땅에 돌 배 하나가 닿아 잡으러 가면 도망치고 잡으러 가면 도망쳤는데
곡성 옥과에 사는 성덕 아가씨가 가까이 가니 바닷가에 저절로 닿아 배에 올라가서 보니
관세음보살 한 분이 모셔져 있었다.
새털같이 가벼운 마음으로 옥과까지 달려 왔는데 옥과에 이르러서는 더 이상 가지 않으려고
천근만근 무거웠으므로 성덕산에 관음사를 짓고 모시게 되었다.

그러면 그 관세음보살은 어디에서 연유된 것일까.
예산 대흔 땅에 살던 장님 원량이 길거리에 나갔다가 홍법사 화주승 성공스님에게
공양미 3백석을 올리면 눈을 뜨게 된다는 말을 듣고 어린 딸 홍장을 잡혀 시주하였다.
홍장은 16세의 나이로 기가 막혀 서해 바다에 나와 먼 바다를 바라 보고 있었다.
그런데 뜻밖에 배 한 척이 오더니 말했다.
"황후가 죽은지 오래 되어 임금님께서 매우 슬퍼 침식을 끊고 있는데
하루는 꿈을 꾸니 그 황후가 동국에 태어나 있다는 말을 듣고 왔습니다."
하면서 가지고온 여러 가지 폐백을 내놓고 가자고 하였다.
홍장은 어차피 자신의 몸은 홍법사 법당 불사를 위해 팔려
언젠가는 떠나야 할 몸이므로 망설이고 있자 아버지께서 말했다.

"홍법사 법당불사는 오늘 받은 폐백만 가지고도 충분하고 내 또한 생활비로 죽을 때까지 넉넉하니 걱정 말고 떠나거라."
하여 진나라에 와서 황후가 되었다.
원낭은 중국 사신이 준 폐백으로 법당불사를 마치고 새 마누라를 얻어 걱정없이 살아가나 딸이 보고 싶어 늘 눈물을 흘렸다.
그런데 하루는 눈물을 닦아보니 갑자기 눈이 떠져 세상을 밝게 보게 되었다.

황후는 아버지와 고향을 생각하여 돈이 생기는 대로 불상과 탑들을 조성해 고국 땅으로 보냈는데 감로사의 53불과 500나한, 16나한, 금강사의 탑, 풍덕 경천사의 탑, 홍법사 불상, 탑 등이 모두 그렇게 해서 만들어진 것이다.
마지막 그는 자신의 원불로 관세음보살 한 분을 조성하여 돌 배에 태워 보냈는데 그것이 성덕 아가씨에 의해 모셔진 성덕사 관음사 불상인 것이다.

전하는 말로는 홍장황후와 성덕 처녀가 모두 관세음보살의 화현으로 중생 교화를 위해 나타났다고 하는데, 뒤에 이 전설이 심청전으로 변하여 나타나게 되었다 한다.

양양낙산사 의상대와 비슷한 중국의 남하정

② 낙산사 관세음보살

의상대사(621~702)는 신라 10성의 한 분으로 문무왕 원년(661) 당나라에 유학 하였다가 10년 만에 돌아온다.

당나라에 돌아와 경주 금강사와 울진 불영사, 동래 범어사를 지어 외적을 물리치고 양양 낙산사에 이르러 기도 하였는데, 두 번 세 번 기도하여도 관음의 진신을 볼 수 없었으므로 높은 대위에서 떨어지니 한 노파가 치마로 받으며

"이 미친 중아 떨어지면 죽지."

하고

"한 번 더 기도해 보라."

하였다. 그리하여 한 번 더 기도하고 동해바다에서 홍련을 타고 오는 관세음보살을 친견, 수정염주 한 벌을 얻게 되었다.

"내 몸이 머물 곳에는 오죽과 청죽이 나고 그 가운데 전당향토가 있노라."

하여 올라가 보니 지금 낙산사 자리에 청죽과 오죽이 있고 전단향토가 있어 현재의 낙산사를 짓고 관세음보살을 조성해 모시게 되었다 한다.

그리고 처음 관세음보살을 만난 곳에는 홍련암을 지었다.

그런데 그 뒤 원효스님은 남쪽 동구밖에 이르러 흰 옷 입은 여인이 논에서 벼 베는것을 보고 더 가다가 다리 밑에서 서답 하는 여인을 만나 물을 청해 마셨는데 그때 나뭇가지에서 새 한 마리가

"제호를 버린 스님이여."

하여 돌아보니 여인도 없고 새도 없고 그 나무 아래 신 한 짝이 놓여 있었다. 이상히 생각한 원효스님은 낙산사에 이르러 법당에 관세음보살을 친견코자 쳐다보니 그의 발 아래 신 한 짝 놓여 있는데 앞의 신과 한 켤레가 분명하여 비로소 서답 관세음, 벼 베는 여인이 관세음보살인 것을 알게 되었다 한다.

 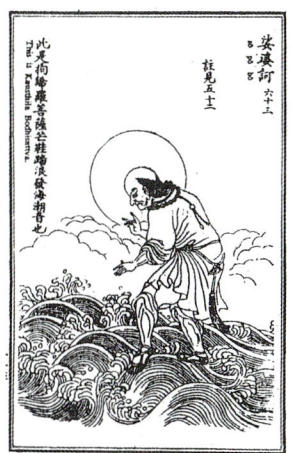 

의상대사가 처음 관세음보살을 만난 자리에 절을 진 홍연암전경

③ 백월산 관세음보살

신라 선덕왕 8년(709) 4월8일 해질 무렵 백월산(창원 北) 판잣집에 한 여인이 찾아왔다.

"산중에 길이 저물어 하룻밤 의지하고자 들어왔으니 자비를 베풀어 주소서."

판주 달달박박스님이 위엄있게 말하였다.

"난야는 불법의 수도량이라 이성을 꺼리니 저 산 넘어로 가보시오."

하는 수 없이 여인은 축대로 쌓아 만든 노힐부득의 방에 와서 말했다.

"첩첩산중에 날이 저물어 들어왔으니 사람은 묻지 마시고 받아주시옵소서."

"남녀가 유별하나 밤이 늦어 갈 곳이 없으니 어서 들어와 저녁이나 잡수시오."

하고 밥을 차려주었다. 저녁을 먹고 난 아가씨는 난처한 얼굴로 스님께 부탁드렸다.

"해산 기미가 있어 그러하오니 거적자리를 마련해 주십시오."

스님은 속으로

"이 밤중에 의지할 길이 없어 찾아온 여인이니 도와드려야지."

하고 자리를 깔고 더운물을 데워 아이를 목욕시키도록 하였다.

피국이 서린 물통에서는 이상한 향기가 났는데 아가씨가 말했다.

"아기가 목욕한 향탕이니 스님께서도 목욕 한 번 해보시지요."

그래 발을 넣으니 그만 온 발이 황금빛으로 변하여 온 몸을 담그니 그만 황금부처가 되어버렸다.

"감사합니다."

인사하는 소리가 나 쳐다보니 연대 위에 거룩하신 관세음보살이 서서

"스님의 도행을 돕고자 왔으니 중생 많이 제도하십시오."

하고 하늘로 날아가 버렸다.

이튿날 달달박박이 와서 보고 놀라자

"자네 덕분에 이렇게 되었으니 자네도 저 통에 들어가 목욕해 보게."

그러나 물이 부족하여 달달박박이는 얼룩부처가 되고 말았다.

나라에서는 이 소문을 듣고 두 곳에 각각 절을 짓고.

"현신성불 미륵부처"

"현신성불 아미타불"

이라 높이 올려 모시고 존경하였다.

④ 세규사의 조신스님

신라 세달사의 장사(莊舍) 조신스님은 강원도 양양에 파견되어 지장(知莊 : 농장관리)의 책임을 맡고 있었다.

고을 태수 감훈공의 딸이 어머니와 함께 구혼 불공 온 것을 보고 짝사랑,

밤잠을 이루지 못하고 있었다.

"부처님 저 여인은 제것입니다. 반드시 혼사가 이룩되게 하여 주십시오."

그런데 그 혼사는 뜻하지 않게 급하게도 이루어져 다른데로 시집 가고 말았다. 한이 맺힌 조신은 매일 부처님께 불공을 드리면서 달갑지 않는 마음으로 부처님을 원망하였다.

그런데 하루는 낮에 불공을 드리는데 "지심정례공양" 하고 정쇠를 땡 치는 순간 부처님의 뱃속에서 시집갔던 색시가 면사포를 쓰고 나오면서,

"스님, 저는 시집 갔으나 첫날밤에 소박을 맞고 스님에게로 오게 되었으니 받아주십시오."

하여 부처님 앞에서 결혼식을 올리고 아이 셋을 낳도록 깨가 쏟아지게 살았다.

그런데 갑자기 전쟁이 일어나 피난을 가게 되었다. 아이 하나씩을 등에 업고 먹을 것 입을 것을 이고 지고 들고 가다가 날이 저물어 길가에서 하룻밤을 새고 이튿날 아침 밥을 얻어먹으로 갔다가 그만 큰 아이가 동네 개에게 물려 죽게 되었다.

흑먼지 투성이의 얼굴을 하고 서로 바라보며 한탄하다가,

"이렇게 살다가는 밥도 얻어먹기 곤란하게 되었으니 각기 아이 하나씩을 데리고 동서로 헤어집시다. 당신을 처음 보았을 때는 신선처럼 보이드니 오늘 보니 거지 남편이 분명하시구려."

하니 남편 또한,

"당신을 처음 보는 순간 선녀처럼 예뻤는데 이제 보니 떨어진 꽃이요 쉰밥이로다."

한탄하며 붙들어 잡고 울다가 그만 깨어보니 꿈이었다.

이것이 장차 이광수의 꿈으로 소설화된 것이다.

觀世音菩薩聖像之三十二　張善子畫　丙子元旦蜀人張善子薰沐敬寫

觀世音菩薩聖像之二　唐吳道子畫

觀世音菩薩聖像之一　唐吳道子畫

觀世音菩薩聖像之二十九　清如山畫

觀世音菩薩聖像之三十　顧愷之畫

觀世音菩薩聖像之三十一　王震畫

⑤ 오세암 이야기

고려시대 설정스님은 네 살 먹은 조카아이를 데리고 설악산 깊은 골에서 살고 있었다.
시월달에 식량을 구해오지 못하면 이듬해 3월까지는 꼼짝할 수 없기 때문에
밥꾸리에 밥을 가득하게 담아놓고
"배고프면 밥 먹으며 관세음보살 부르고 있어라. 내 동구에 내려가 쌀을 구해 올테니…"
하고 마을을 내려왔다. 그런데 그 날 밤부터 연속 눈이 내려 처마가 닿게 왔으니
오도 가도 못하고 이듬해 3월까지 갇혀 있었다.
초조한 설정스님은
"아이는 이미 죽었을 것"
이라 생각하면서 안타깝게 관세음보살을 부르며 산고개를 올라갔다.
그런데 절 안에서 북 광쇠 소리에 맞춰서 관세음보살 소리가 들려왔다.
"필시 이는 한맺힌 귀신의 소리이리라."
생각하고 문을 여니 아이가 반갑게 맞으면서

"삼촌 벌써 오세요. 식량 많이 구해왔어요."
하며 달려들었다. 너무도 놀란 삼촌 스님은 아이를 가슴에 안고
"어떻게 살았느냐?"
물으니

"어머니 관세음보살이 때가 되면 밥도 주고 과자도 주었어."
하였다. 그래서 절 이름이 5세암이 된 것이다.

⑥ 중생사 관세음보살

경주 중생사 성태스님은 절에 있어서 먹을 것이 들어오지 않자 부처님께 말씀드렸다.

"부처님. 아무리 기도하여도 끼니도 잇지 못하게 되었으니

저는 3일 후에는 이곳을 떠나겠습니다."

하고 눈물을 지었다. 그런데 이튿날 뜻밖에 금주에서 사람이 왔다.

"이 절이 중생사이지요?"

"그렇습니다."

"어제 중생사 화주스님이 와서 우리절에 먹을 것이 없으니 식량과 염장을 구해 주십시오 하여 쌀 여섯 섬과 소금 넉섬을 구해 화주승을 따라 왔으니 잡수세요."
하고 내놓았다.

"그러면 따라온 화주승은 어디로 갔습니까?"

"이 아래 우물 있는데까지 같이 왔는데요."

하여 나가보니 짚고 온 지팡이가 법당 옆에 놓여 있었다.

법당에 들어가본 시주자들이 관세음보살을 바라보면서,

"저 분이 바로 화주승입니다."

하여 모두가 깜짝 놀랐다.

그 뒤 얼마 있다가 일자무식한 점숭스님이 주지가 되어 절을 지키고 있었다. 탐이 난 다른 스님이 관가에 고발하여 자기가 절을 차지하려고 관리를 데리고와 실력을 시험하게 되었다.

관리가 내놓은 글을 거꾸로 들고 점숭스님은 글을 읽는데 글자 한 자도 틀리지 아니했다.

이상하게 여긴 관리는 장차 뒷방에 이르러 다시 점숭으로 하여금 글을 읽어보라 하자

그때는 글자 한 자도 제대로 읽지 못했다.

"아, 이는 착하게 살아가는 점숭스님을 위해 법당 안의 관세음보살이 신통을 부린 것이니 세속적인 생각으로 주지를 바꾸어서는 안되겠다."

하여 죽을 때까지 점숭스님이 그 절 주지직을 맡고 있었다.

이 이야기는 중생사에 함께 살던 김인부 처사가 삼국유사를 지은 일연스님께 일러 주어 기록하게 되었다 한다.

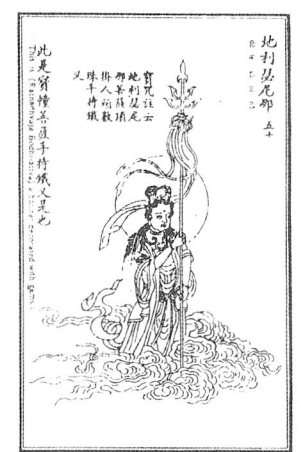 

이렇게 한국불교는 관음신앙과 깊은 연관이 있다. 문무왕의 아들 신문왕은 아버지의 유언을 따라 삼랑사 경흥법사를 국사로 모셨는데 경흥스님이 병으로 누워 죽기만을 기다리고 있는데 하루는 비구니 스님 한 분이 나타나

"스님의 병은 웃으면 났습니다"

하고 열 한 개의 탈바가지를 쓰고 춤을 추어 얼마나 웃었던지 그만 병이 나았는데 그 비구니는 남항사 11면 관세음보살이었다.

또 경덕왕 때 한기리 사는 희명여인은 눈먼 딸을 데리고 분황사에 이르러 무릎 꿇고 두 손 모아 기도드리며

"천 손 천 눈을 가지신 관세음보살님. 그 눈 하나를 덜어 내 딸의 눈을 뜨게 하옵소서."

하고 노래 불렀는데 등에 업힌 아이가 그 소리를 듣고 노래 부르다가 그만 눈이 뜨이고 말았다.

또 선덕왕 때 진골 소판 무림공은 천부관음을 조성하고 자장율사를 낳았고, 경애왕 때 정보벼슬을 지낸 최은함 역시 중생사 관세음보살님께 기도드리고 승로를 낳게 되었는데, 아기를 낳은 지 한 달도 못되어 백제 견훤이 침입하여 아이를 포대기에 싸 관세음보살 좌복 뒤에 숨겨 놓고

"당신이 주신 아이니 당신이 알아서 살려주십시오."

하고 피난 갔다가 보름 만에 와서 보니 입에서 젖냄새가 풍기고 아이는 무사 하였다. 장차 승로는 정광 벼슬에 올라 아들 최숙을 낳고 최숙은 손자 제안(齊顏)을 낳아 자자손손이 벼슬을 하며 끊어지지 않았다.

한국 3대 관음도량인 남해 보리암

중국 관음도량 보타낙가산 답사기

현 성
(모범사 주지)

5월 23일부터 26일까지 서울 금강선원과 중국 청도 금강선원 도반 여러분이 상해에서 만나 보타낙가산 관음성지를 순례하면서 세계의 관음신앙에 대하여 공부하기로 하였다.

한국에서는 활안큰스님을 비롯하여 광명사 대덕스님, 보현법사님, 의정부 현윤진법사님, 삼천포 묘법사 현성, 현혜스님, 금강선원 지오스님, 부산 일월사 김화자법사님, 상락향수도원 정응수관장님, 그리고 일광법사님, 박동명법사님이 동행하고 중국에서는 법인스님을 중심으로 취하, 수월심보살님과 가산 최창환거사님 등 총 31명이 버스를 타고 가다가 배로 옮겨 저녁 10시에 도착하였다. 숙소는 옛 선방으로 사용하던 후파산장이었다.

24일 새벽3시 보제선사에 가서 아침 예불에 참석하고 아침공양 후 서원 동광구에 올라가 심자석(心字石)·망해루·매복암·반타석·관음동을 하였다. 법우선사에 이르러 점심공양을 보고 오후에는 불정산 혜재선사에 이르러 3보에 1배, 1보 1배하는 사람들과 함께 혜재선사를 보고 자죽임으로 옮겨

남해 관음과 불긍거 관세음보살상 관음동 일대를 참관했는데 일본사람들이 많은 후원을 하여 조음동 일대는 일본 불교관음 기분이 났다.

25일 도만 새벽 3시에 예불에 참석했는데 참석한 스님들께 특별보시금을 주었으며 아침공양도 제공하였다. 아침 7시 쾌속정을 타고 낙가산으로 이동, 비방·표성탑·원각탑·원통선원·대비전 동을 보고 다시 돌아와 유시간을 가진 뒤 취침하였다.

보타산 낙가산의 계단은 동합 1천계단이 넘었으나 너무 많은 사람들이 밀고 올라가기 때문에 어떻게 갔는지 자신도 모르는 사이에 올라갔으며 모두가 신심과 원력으로 순례하기 때문에 환희심에 차 있었다.

배를 타나 버스를 타나 TV에 나오는 것은 모두가 관세음보살의 영험이고 가는 곳마다 다양한 조각과 신묘한 건축이 사람들 마음을 즐겁게 해 주었다. 특히 우거진 숲, 맑은 바다는 공해 없는 자연공원으로 명실공히 해천불국(海)(佛國)이라 살아있는 관세음보살을 친견한 듯 하였다.

오후에는 배를 타고 상해로 갔는데 비가오고 파도가 쳐서 내리는데 상당히 고생하였다. 그러나 주위환경이 이렇기 때문에 더욱 불심이 강해질 수 있다는 것을 느꼈다.

상해의 호텔은 중류급인데도 매우 평안했으며 이튿날 본 옥불사는 세계굴지의 대사찰로 관광객으로 발들여 놓을 틈이 없었다. 잠시 둘렀던 다방 역시 세계적인 규모로 전문화되어 있었고 식사 또한 한국에서 보기 드문 특식이었다. 오후에 참배한 사람은 들 다 독불존이었으나 스님들이 수백명씩 독경을 하고 있어 살아있는 불교를 볼 수 있었다. 이번 여행에는 특히 최창환법사님의 노고가 많았다. 애써 주신 모든 분들께 감사드리며 활안스님의 법문은 뒤에 자세히 시를 엮고 또 사설로 기록하여 장차 세계불교 특집으로 나가게 되니 참고하시기 바란다.

관세음보살을 친견한 듯 하였다.

觀世音菩薩聖像之十一 元顔煇畫

觀世音菩薩聖像之十二 明仇英畫

중국 보타낙가산 답사시

보타낙가산 총 구경구의 지리 도면

千島新城舟山市	천도신성 주산시
海天佛國普陀山	해천불국 보타산
左側蓮華右普陀	좌측에는 연화양 우측에 보타양
兩洋大島普陀山	두 바다 가운데 큰 섬은 보타산이고
海岸江頭洛迦山	바다언덕 강언덕에 낙가산이 있다.
陸路海路飛機場	육로, 해로, 비행기로 가는 길이 있으나
決局上船渡海去	결국은 배를 타고 바다를 건너야 간다.
恰似遠望臥佛像	멀리서 바라다보니 누워계신 부처님 같다.

① 총경구구(總景九區)

總九景區名勝地	총 아홉 개의 명승지로 구분되어 있는데
普濟西天南天門	보제사 경구 서천 경구 남천문 경구
紫竹梵音法雨寺	자죽 경구 범음동 경구 법우사 경구
佛頂后山洛迦山	불정산 경구 후산 경구 낙가산 경구가 그것이다.

보타낙가산 가운데 대표적인 사찰, 보전선사와 조음동

② 보제사 경구(普濟寺景區)

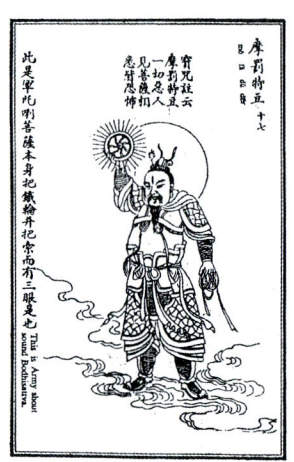

靈鷲南麓普濟寺　영취산 남록 보제사
東百步沙海水場　동쪽으로 백보사 해수욕장이
仙人井及朝陽洞　선인정·조양동과 함께 있고
西北達磨南妙庄　서북쪽 달마봉 남쪽에는 묘장로가 있으며
香華海天佛國樞　향화가는 해천 불국의 중추적 역할을 하고 있었다.

淸代建築群保存　청나라 때 건축이 무더기로 보존되어 있는데
殿宇古木爐紫烟　전안에는 고목 사이에서는 향 연기 그윽하였다.

海印多寶御碑亭　해인문, 다보탑, 어비정
菩薩墻坊百步沙　보살장, 하마방, 백보사
仙人朝陽法華洞　선인정, 조양동, 법화동,
東天門等二十点　동천문 등 20여점이나 유명한 것들이 있었다.

복 천 암

普濟面積八二苗　보제사 면적은 82묘이고

원통선원

은 수 암

법우선사

建築二萬五千坪　건축면적은 2만5천 평방미터이며
前始不肯去觀音　전신은 불긍거관세음보살로부터 시작되었다 한다.

現存康熙雍正時　현존 건물은 강희 옹정시대(916) 것이다.
萬壽御碑天王殿　만수어비전과 천왕전
圓通藏經方丈殿　원통전, 장경각 방장전이 있는데
疏朗博大宏巍峨　훤하게 넓게 확대하여 광장이 크고 높아
百人共入不覺寬　백 사람이 함께 들어가도 좁지 않았다.

海印三積半夜月　해인지에 다리가 셋이 있는데
映弄三米白玉碑　3m 백옥비가 영롱하게 비친다.
積柱端彫四獅子　다리 기둥에는 석사자 네 마리가 조각되어 있는데
菩薩壇書觀自在　보살단 뒤에는 관자재보살 다섯 자가 쓰여져 있다.
元造多寶十八米　원나라 때 만든 다보탑은 18m나 되고

三層四面菩薩像	3층 4면에는 보살상이 조각되어 있는데
全體太湖石砌成	전체가 태호석으로 이루어져
寶陀三寶三爲一	보타산 3보 가운데 하나라 하였다.

百步沙長六百米	백보사장은 길이가 600m나 되었는데
中間唯一獅子尾	중간에 유일하게 사자의 꼬리가 있었다.
沙組如綿浪緩波	모래톱이 부드럽기 솜과 같고 파도 또한 느려
可共數千人同浴	가히 수천인이 함께 목욕할 수 있었다.

仙人井深一餘丈	선인정 깊이는 한 길 정도이고
口呈圓形八十厘	그 입구는 원형으로 80미터 정도였다.
泉水湧出旱不調	샘물이 솟아 가뭄에도 마르지 않고
味原冬暖夏凉淸	맛이 좋고 겨울에는 따뜻하고 여름에는 시원하다고 하였다.

秦時官妓漢梅福	진나라 때 관기와 한나라 때 매복이
來此煉丹稱仙井	이곳에 와 연단하였으므로 이름을 선인정이라 부르게 되었다 한다.
朝陽天然洞窟邃	조양동은 천연 동굴인데
東海日出最適處	동해 일출을 보는데 가장 좋은 곳으로
晴日淸晨照光明	맑은 날 새벽 광명이 빛나
普陀十二景中一	보타산 12경 가운데 하나였다.

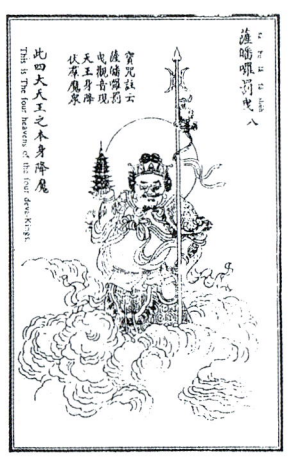

낙가산 입구

③ 서천 경구(西天景區)

梅岑仙境西天區	서천구를 매잠선경이라고도 불렀다.
千年古樟心字石	천년고장에 심자석이 있고
西天門外扁舟石	서천문 밖에 하나의 배 같은 돌이 있으며
圓通度中正法明	원통전 안에는 정법명왕여래가 모셔져 있다.
普慧庵佐千年樟	보혜암 좌측에는 천년고목 녹나무가 있는데
高十九圓七五米	높이가 19m에 둘레가 7.5m나 되었다.
樹齡千年妙莊嚴	수령이 천년이나 되는데도 묘하게 장엄되어
常綠庭園殿屋面	항상 푸르러 정원과 전옥을 덮고 있었다.

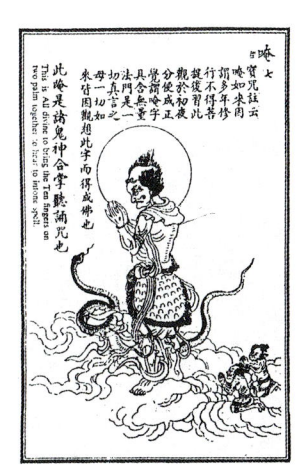

西天門前扁舟石	서천문 앞에 편주석
圓通庵下近巨石	원통암 앞에 가서 보면 제법 큰 돌이다.
梅岑南側圓通殿	매잠 남쪽 원통전에는
奉安正法如來殿	정법명왕 여래를 모신 궁전이 있는데
秋季丹楓翠竹映	가을철 단풍과 푸른 대나무 그림자가 너무 아름다워
康熙皇帝此庵住	강희황제가 이곳에서 자고
題名海山第一庵	바다 가운데서는 제일가는 암자라 이름을 내리고
內供內殿二七尊	내전에 27존의
銅造如來七八米	7.8m 동조여래를 조성하여 모시고 공양하였다 한다.

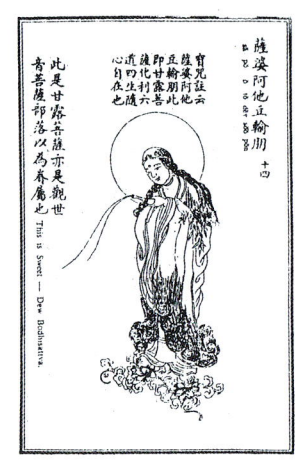

圓通庵下梅福庵	원통암 아래 있는 매복암은
明歷如廻僧建築	명 만력 년간 여회스님이 창건하고
康熙一度稱梅岑	강희 때 매잠선원이라 불렀다가
光緒年間普濟寺	광서 연간에 보제사로 불렸다 한다.

大雄寶殿主釋迦	대웅보전에는 석가불을 주불로 모시고

황해바다의 유일한 교통수단. 주산 통운의 선박들

대 비 전

묘 담 탑

左右補處文殊賢	좌우보처에는 문수, 보현과
西方極樂三大士	서방극락 삼대사(彌陀, 觀音, 勢至)를 모셔
中國四大名山聚	4대 명산의 불보살들을 한데 모아 놓은 것 같았다.
普慧上側三百米	보혜암 위쪽 300m 경계에는
圓潤平骨斜巨石	동글동글한 평면 큰 돌 위에
一点心字最大刻	한 점 심자가 크게 조각되어 있는데
遊人至此撮影喜	놀러온 사람들이 여기 이르러 사진찍었다.

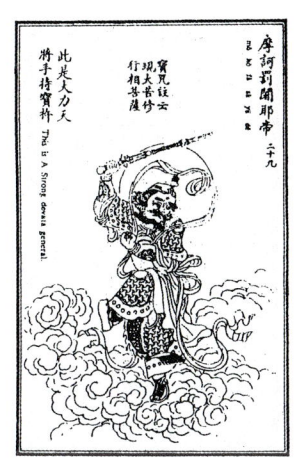

磐陀石西五三位	반타석 서쪽에는 53선지식들이
漢曾在參觀音拜	한나라 때 관세음보살을 찾아 뵙기 위해 와
聞法神了忘返去	법문을 듣고 신통을 얻어 가는 것 까지도 잊어버려
各樣各色形態存	각양각색의 모습으로 존재하고 있다고 하였다.
五三石下兩海龜	53선지식 돌 아래는 두 마리의 바다 거북이가

一蹲回首緣直上　머리를 돌리고 웅쿠리고 위를 향해
觀音菩薩聞法後　관음보살의 설법을 듣고
忘了回歸化存石　돌아가는 것을 잊어버리고 화석이 되어 있었다.

心字石上三有石　심자 위에 세 바위가 있는데
一石覆上天然石　돌 하나가 천연적으로 돌 위를 가로질러
可容一人通邊路　겨우 한 사람 지나가는 길을 만들고 있기 때문에
遊人悟由西天門　지나가는 사람이 서방 극락세계 가는 문이라 부르고 있었다.

梅岑山西南山崗　매잠산 서남쪽 메뿌리에
兩石上下從起望　두 돌이 상하로 서로 일어나서 바라보면서
寬窄菱容三十人　넓고 좁은 곳에 30여인을 앉게 하고 있는데
古刻磐陀金剛天　옛사람들이 반타석, 금강보석, 서천 등 글을 써 놓았다.

危險陡下急傾斜　급경사가 되어 위험하기 그지없으나
萬劫不陞載未動　만겁 동안 떨어지지 않고 꼼짝없이 서 있다고 하였다.

혜제선사

반 타 석

④ 남천문 경구(南天門景區)

南門海天佛國庭	남문은 해천 불국의 정원과 같아
普陀訪人迎接客	보타산을 방문하는 손님들을 맞는 것 같았다.
附近慈云隱秀庵	부근에는 자운암과 은수암이 있는데
短姑海岸優雅美	짧고 긴 해안들이 우아하기 그지없다.

南天俗稱楊梅跳	남천문을 속칭 양매도라고도 부르는데
落照時興本島相	해 떨어질 때 보면 본도와 연관이 있기 때문이다.
上觀大橋海岸視	다리 위에 올라가 해안을 바라보니
眼前水平茫茫海	눈 앞이 수평으로 망망한 바다만 보였다.

島嶼辣峙監現所	도서를 감시하는 장소가 있는데
山海大觀大觀蓬	산해대관, 대관봉 이라 부르고
梵宇林宮石刻書	범우 임궁이란 큰 글씨를 돌 위에 새겨 놓아
去來人波眼前歡	가고 오는 사람들의 눈을 즐겁게 하고 있었다.

雍正九年創牌坊	옹정 9년(1731)에 창건했다는 해안비방은
四柱三門高九米	네 기둥에 세 문 높이가 9m나 되었다.
工程堅固規模宏	공정이 견고하고 규모가 큰데
南山勝境兩度朝	남산승경 양도기에
千山萬石覺無知	천 산 만석이 깨달음이 없다고 말하지 말라.
普門渡海登彼岸	넓은 문 바다를 건너면 피안에 이른다 써져 있으니

客店四百隱秀庵　객점에서 400m 거리에 은수암이 있는데
林石幽秀梵宇麗　숲과 돌 빼어나고 절 또한 아름다워
曾爲前山六大房　일찍이 전산 6대방의 하나로 쳤는데
文革期間毀損壞　문혁 기간에 훼손되었던 것을
九七重建明亮潔　1997년 중건하여 밝고 깨끗하게 되었다.

毘盧殿裏三尊佛　비로전 안의 3존 불은
毘盧盧舍釋迦尊　비로자나, 노사나 석가모니불을 모셨고
兩側宋造十二薩　양측에 모신 원각경 12보살은 송나라 때 조성한 것이었다.
大殿相樓丹彫砌　대전, 상루 단아한 조각 옥계단

院閣精微殊高雅　집과 각이 정미롭고 고아해
普陀佛敎文化院　보타불교의 문화원과 같았다.

⑤ 자죽림구(紫竹林區)

紫竹林區潮音洞　자죽림 구역은 조음동이다.
不肯去禪院銅像　불긍거관음원, 자죽림선원, 관음동상
觀音跳西方庵等　관음도 서방암 등
三面臨海碧波天　3면이 푸른 바다로 하늘과 맞닿아 있었다.

古傳觀音修行地　옛부터 관음의 수행지로 현재까지 내려온 자존심은
紫竹苞綠香翠名　자죽항에 푸른대나무 향기로운데서 따온 이름

庵內大悲藥師殿　　절 안에 대비관세음보살과 약사전에는
特爲造玉可觀巧　　특히 옥불로 조성되어 가히 볼만하였다.

南海觀音三三米　　남해관음 33m
左手法輪右無畏　　왼손에는 법륜을 들고 오른손은 시무외(施無畏)
七十噸及九六板　　70톤에 96용판으로 형성된
佛面熔金六五克　　부처님 얼굴에 사용한 금만도 6,500극이 된다 하였다.

趙朴初題南海觀　　조박초거사가 남해관음이라 이름하고
五千餘坪禮拜所　　5,000여 평방미터의 예배소를 만들었는데
照壁牌坊碑刻廊　　빛나는 벽, 비방, 비석, 낭무의 조각은
天工人術調和神　　천공에 인술을 조합해 만든 신술이었다.

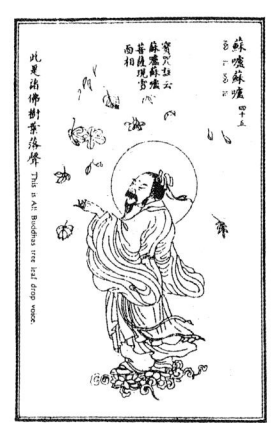

咸通四年日慧鍔　　당나라 함통 4년(863) 일본스님 혜악이
五臺請觀回歸國　　5대산에 청해서 관세음보살을 조성 귀국하던 중
不肯觀音張家奉　　관세음보살이 가기를 싫어하여 장가가 자기집에 모셔 받드니
五代后梁建造院　　5대후 양나라 때(916) 집을 지어
方始普陀觀音場　　바야흐로 보타산과 관음도량이 시작되었다 한다.

潮音大士澹心亭　　조음동, 대사교, 담심정
紫竹庵倭石刻排　　자죽암 등은 일본식으로 석각해 배열하였던 것을
二千二改唐樣式　　2002년 당나라 식으로 개조하고

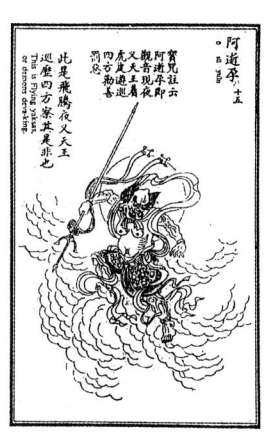

中日友好長廊成　　중일이 우호하기 위해 장랑을 만들고

77

三七寺合三七等	37사가 합해 37존 관세음보살을 모셨다.

西方庵前觀音跳	서방암 앞의 관음도
百米處的懸崖岩	100m 넘게 매달린 바위가 있는데
一跳觀音四二厘	관세음보살이 단번에 42리를 뛰어
洛迦山往普陀山	낙가산과 보타산을 왕래하였다 하여
名稱觀音跳脚迹	이름을 관음도라 하였는데 지금도 그 가운데 발자욱이 남아 있었다.

跳上清末刻建寺	도상에는 청나라 말에 지은 절이 있는데
西方庵名玉觀音	이름이 서방암이고 옥관음이라 불렸다.
床樓上設慧鍔堂	상위 누각에는 혜암스님의 기념당이 있었다.

不肯左前潮音洞	불긍거 관세음보살 좌측 앞에는 조음동이 있었다.
普陀洋深三十米	보타양과 길이가 30m나 되는데

怪石嶙峋滄海龍	괴석 린순들이 창해에서 솟아난 것 같았다.
海潮澎湃聲惊雷	해조는 팽배하여 그 소리가 뇌성벽력과 같고
惊瀼飛水駁明珠	날으는 물 폭은 밝은 구슬이 부스러지는 것 같았다.

洞須巘岩疊成穴	동의 바위들은 부딪치는 물 때문에 굴을 형성하여
康熙皇帝潮音洞	강희황제가 조음동이라 필을 내렸다 한다.
洞西禁碑捨豸燃	조음 서쪽에는 사신연비를 금지하는 비석이 서 있었다.
晝夜長習自殺故	밤낮없이 자살하는 사람이 오기 때문이다.

⑥ 범음동구(梵音洞區)

飛沙垈東梵音洞	비사대 동쪽에 범음동이 있는데
觀音菩薩靈現處	관세음보살이 영험을 나타낸 곳이다.
瞻經梵音善財洞	첨경각 범음동암, 선재동암
古佛潮音合梵音	고불동 조음동을 합하여 범음동이라 부르는데
普陀十二景之一	보타산 12경치 가운데 하나였다.

梵音洞高八十米	범음동 높이는 80m가 넘고
兩壁峭峙相如門	양벽 사이가 서로 맞닿는데
中嵌巨石蚌含珠	큰 돌멩이가 진주처럼 물려 있고
濤潮海音如虎嘯	파도소리는 마치 호랑이가 울부짖는 것 같았다.

左側善財龍首型	좌측의 선재암은 용머리처럼 솟아있는데
洞口龍觜內凸岩	동의 입구는 용 입 같고 속 바위는 요철 같다.
洞頭兩石似龍角	동의 머리에는 두 개의 돌이 용 뿔같이 솟아 있고
其上十二間法堂	그 위에 12간 법당이 있어
善財五三知識參	선재동자가 53선지식을 찾아뵙는 모습이
木刻浮彫生動感	목각으로 생동감있게 부조되어 있었다.

⑦ 법우사 경구(法雨寺景區)

法雨普陀中心地　법우사는 보타산의 중심지였다.
文物大乘揚持庵　문물관, 대승암, 양지암
法雨禪寺千步沙　법우선사 천보사
望海亭等五祖碑　망해정 5조비 등 많은 유적지가 있다.

南北貫通玉堂街　남북으로 관통하는 옥당가(문제료)가 있고
沿途山勢起伏林　연도 산세는 기복 가운데 숲이 우거져 있다.
山薔曲處皆寺院　구부러진 산골마다 사원이 있어
路邊各地種種僧　길가 각지에서 종종 스님들을 뵙게 된다.

法雨普濟二五米　법우사에서 보제사까지는 약 2,500m.
錦山背景面千沙　금산을 배경으로 천보사를 바라보고 있다.
萬歷八年海潮庵　명나라 만력 8년(1580) 해조암이라 불렀는데
康熙以後法雨寺　강희 이후(1699) 법우선사라 불렀다 한다.

天王玉佛九龍殿　천왕전, 옥불전, 구룡전
大雄方丈衆寮所　대웅전, 방장실 중료소 등
三八餘間山勢奇　380여 간에 산세 또한 빼어났는데
二四孝彫千年杏　24효의 부조가 모셔져 있고 천년된 은행나무도 있었다.

大乘前後兩分庵　대승암은 전후 두 암자로 나누어져 있는데

前殿觀音殊普賢　앞에는 관세음보살 문수, 보현을 모시고
後樓臥佛涅槃相　뒤에는 석가모니 부처님의 열반상 와불을 모셨는데
身長七米千佛在　신장이 7.6m로 천불님도 함께 모셔져 있었다.

金沙如苔寶王筏　금사대 보왕벌은
九品池中鋪作地　구품대상의 포장도로를 걸어가는 것 같다.
脚踏蓮台望海亭　연대를 밟아 망해정에 이르면
浪潔起伏奇現狀　일어났다 꺼지는 파도가 기현상을 보이고 있다.

明代遺物楊柳度　명나라 때 유물에는 양유관음이 중생을 제도하는 모습과
普陀王寶觀音碑　보타왕보에 관음비석
二三四米觀音像　22.3미터 관음상이
珠冠綿袍瓔洛飄　구슬관에 면사포를 쓰고 영락들을 드리우고 있다.

寶岭北側悅庵內　보령 북쪽 열암 안에
全山各出文物館　전 산에서 각출한 문물관이 있는데
千餘寶物史蹟等　천여종의 보물과 사적들이 모아져 있는데
陶瓷銅器佛像畵　도자기, 동기, 불상, 불화가 유명했다.

⑧ 불정산 경구(佛頂山景區)

普陀山中最高處　보타산 가운데 가장 높은 곳
古名菩薩兮佛頂　옛이름은 보살정인데 요즈음은 불정산이라 불렀다.

海濟中心香云路　해제사 중심의 향운로가 있고
海天佛國扶云石　해천불국의 언덕과 운석들

刀劈天燈鵝耳等　칼바위, 천등대, 오리귀
茶山風霧波濤狀　다산의 풍경과 안개 파도상
每當春日雲籠人　매 봄날에는 구름 가운데 사람이
倣佛仙人于縛緲　부처님, 신선처럼 엷은 옷을 입고 걸어가는 것 같다고 한다.

若邊風和千島現　맑은 날에는 천 개의 섬이 나타나
近脚梵宇金沙石　가까이는 절과 금모래 돌들이 보이는데
盡是佛國山海光　모두 이것이 불국 산세의 빛이다.

慧濟普陀三大寺　혜재사는 보타산의 3대사로
海拔三千雲霧中　해발 3천미터 운무 중에 있었다.
大殿一字別具格　대전이 일자로 꾸며져 별도의 구격을 형성
釋迦觀音莊嚴像　석가 관음상이 장엄하게 모셔져 있다.
唐宋元明淸各畵　당 송 원 명 청대 이름난 화가들이 그린
觀音像石彫珍貴　관음보살상을 돌에 새겨 진귀하게 보존하고 있었다.

明代創建初慧濟　명나라 창건 초에는 혜제사라 부르고
乾隆年間擴張寺　건륭 년간(1793)에 암자를 확장하여 사로 고치고
光緖普濟法雨峙　광서 년간에 더욱 커져 보제, 법우사와 짝하게 되었다.

地積一萬三千坪　지적이 1만 3천평이나 되고

殿閣三百四樓臺　전각 누대가 304간
彩色瑠璃瓦頂在　지붕 위에는 유리로 채색한 기와가 있어
照耀佛光壯奇景　햇빛에 반사하면 불광이 널리 빛나는 기현상이 나타났다.

海天佛國云扶石　해천불국의 운부석은
香云路上段階成　향운로 위에 계단으로 형성되어
名人達筆活動力　명인 달필들이 살아 움직이는 것 같다.

惟獨一石雲霧立　유독히 돌 하나가 구름 가운데 우뚝 솟아있어
怪特名爲云扶石　괴특하게 생각해서 운부석이라 불렀다 한다.
鵝耳櫪樹持植物　꺼욱이 나무는 독특한 식물로
高十三齡二百年　높이 13m에 수령이 200년이나 되는데
雌雄同株花不同　자웅이 함께 서 있으면서도 꽃은 계절 따라 달리 핀다 하여
繁衍希世普陀寶　번성한 것이 세상에서 희귀하여 보타 3보로 지정 되어 있었다.

⑨ 후산 경구(后山景區)

后山與景海澄庵　후산의 아름다운 경치에는 해징암이 제일 이다.
明代建築寶陀寺　명대에 건축한 보타사는
淸代宮殿皇家風　청대 궁전 황가풍 이었다.
普陀名寺第四地　보타 명사 가운데 네번째에 해당되었다.

83

九層七十萬佛塔　9층 70m 만불탑은
八角樓閣重檐式　8각 누대에 중첨식이었다.
古今中外最精華　고금 중외 가장 아름다운 탑으로
一萬菩薩金身彫　1만 보살의 금신이 조각되어 있었다.

普陀索道一千米　보타산 케이블카는 1천 미터
上下高差二百米　상하 고차 2백 미터
一路觀賞美風光　한 길로 아름다운풍광을 감상하니
山下大地一裏眼　산하 대지가 한 눈 속에 들어온다.

⑩ 낙가산 풍경구(洛迦山風景區)

孤峙海中一蓮花　외로운 섬 바다 가운데 연꽃이여,
猶如躓臥一大佛　마치 한 부처님이 누워 계신 것 같구나
文化革命破壞棄　문화혁명 때 파괴되어 버려진 것을
妙善方丈大修理　묘선방장이 크게 수리하였다 한다.

土地伽藍圓通院　토지사, 가람전, 원통선원
大悲大覺聞思聲　대비전, 대각선원 문사성
妙湛塔婆故事碑　묘담 탑파 고사비는
世上希有寶物品　세상에 희유한 보물들이었다.

洛迦山中妙湛塔　낙가산중 묘담탑

三層塔高二七六　3층 높이 27.6m
座邊長尺十六米　4면 장척 16m의
四面塔身五百漢　4면 탑신에 5백 나한이 조각되어 있는데
形式多寶高大雄　형식은 다보탑과 같은데 높고 크고 웅장하다.

圓通禪院衆林中　원통선원은 숲속에 있는데
九十重建觀音奉　1990년 중건하여 관음보살을 받들고 있다.

國淸大鐘模型造　국청사 큰 종을 모형 하여 만든 대종이 있고
龍泉古井噴藥水　용천고정 에서는 약수가 떨어지고 있었다.

普陀洛迦周邊狀　보타 낙가 주변의 상황을 보면
東海魚都沈家門　동해 어도 심가문
桃花相嶺三角帶　도화상령이 3각지가 되어

觀光特區風景美　관광특구로 풍경이 아름답고
人心淳和古風味　인심이 순화하여 고풍의 맛이 난다.

⑪ 법당의 주련(柱聯)과 편액(扁額) 명구

歡喜施財	환희심으로 시주하면
得大財富	장차 큰 부자가 된다.
法布施者	법보시 하는 사람은
聰敏智慧	총민하고 지혜있는 자로 태어난다.

無畏布施	무외 보시자는
健康長壽	건강 장수한다.

富財知足	부자가 재물에 만족하고
貴在知退	귀한 자리에 있는 사람이 물러날 줄 알며
福在受練	복밭에 있으면서도 공부할 줄 아는 사람은
存知所由	자기가 세상에 존재하는 이치를 안 사람이다.

塵消智朗	번뇌가 없어지니 지혜가 밝아진다.
或去道存	사람은 가도 도는 남는다.
智鏡常圓	지혜의 거울이 항상 밝아
有思卽通	생각하면 즉시 통한다.

恭敬三寶	삼보를 공경하면
眞誠體現	진성을 체험하게 된다.
恩周慶類	은혜가 두루 베풀어져 모든 중생들을 경사스럽게 한다.

海天佛國　　　바다 가운데 떠 있는 불국이여,

寶陀洛迦　　　보타산 낙가산이
慈雲疪茸　　　사랑스런 구름속에 솟아있네.

西方淨怨　　　극락세계는 깨끗한 곳
千年樟木　　　천년 장목이로다

願要大志要堅　　원은 크고 뜻은 굳고
氣柔軟心要細　　기는 부드럽고 마음은 세밀하네

和睦團結　　　화목 단결하면
學習精進　　　학습 병진한다.

道俗萬德三大千　도속이 함께 3천대천 세계에 가득찬 덕을 이루고
佛子歸源有家鄉　불자가 자신의 근원에 돌아가 고향집에 가 있네.

敎演三乘令九界　삼승으로 가르쳐 구계를 교화하니
衆生見本來面目　중생들이 본래면목을 보도다.

⑫ 사찰명위(寺刹名位)

法雨寺　　　　　진리의 비를 내리는 절
靈石禪院　　　　신령스런 돌을 만드는 선원
圓通禪林　　　　원통선림
梅福禪院　　　　매복선원

洪筏禪院　　　　넓고 깊은 생사의 바다를 건너는 선원
天露歷程　　　　천로역정
忘功不忘過　　　공은 잊고 허물은 잊지 말라.
忘怨不忘恩　　　원수는 잊고 은혜는 잊지 말라.

佛頂山門　　　　불정산에 오르는 문
補陀洛迦　　　　보타락가
淸淨雲霧　　　　청정한 운무 가운데
獨秀佛頂　　　　유독히 불정산만 솟아있네.

慧日普照　　　　지혜의 빛이 널리 비친다.
磐陀石　　　　　반타석
說法堂　　　　　설법하는 곳
放生池　　　　　방생하는 못

黃帝橋　　　　　황제가 건넌 다리

慧濟寺	지혜로써 중생을 구제하는 절
三昧地石	삼매에 들어 있는 돌
佛頂頂佛	불정산에 모신 부처

同登彼岸	다같이 피안에 오릅시다.
萬德圓彰	만가지 덕을 원만히 갖춥시다.
慈船普渡	사랑의 배로 널리 중생을 건네주되
尋聲救苦	소리 따라 고통을 구해준다.
九界同登	구류 중생이 함께 오른다.

⑬ 애(愛)

愛施是十善業道的圓滿結實	사랑은 10선도 가운데서 원만한 결실을 맺는다.
愛是尊子之規約	사랑은 스승과 제자의 규약이고
眞心眞性眞如法性	진심, 진성, 진여, 법성
本性本善純淨純美	본성, 본선, 순정, 순미
眞理眞諦生命永遠	진리, 진제, 생명, 영원
神聖上帝眞主聖靈	신성, 상제, 진주, 성령
愛育高出宇宙萬物天地萬物	사랑속에서 우주만물 천지만물이 자란다.
無一不是從愛心而生長	한 가지도 사랑 없이는 생장하지 못하나니
愛是萬德萬能萬福的根源	사랑은 만덕, 만능, 만복의 근원이다.

⑭ 명문명구(名文名句)

慈悲喜捨	자비희사
勇猛丈夫	용맹장부
悟證菩提	보리를 증득하라.
妙明眞性	참 성품은 묘하게 밝다.

究竟涅槃	결국에는 열반이다.
光明洞徹	밝은 빛이 안팎에 다 사무친다.
具足萬行	만행을 구족하라.
現身生刹	이 몸으로 바로 정토에 가 나게 하옵소서.

法雨珠霖	진리의 비가 구슬처럼 내린다.
妙相莊嚴	묘한 상호로 장엄하신 부처님
古佛應世	옛부처님이 세상을 따라 나
龍天欽崇	용과 천이 흠모한다.
智悲雙尊	지혜와 자비가 함께 움직이네.

普陀山色松筠聳翠敵禪天	보타산색은 송죽처럼 쭉쭉뻗어 선천에 솟아있고.
雲峰郁飛現白毫相光	구름속의 태양처럼 백호상광이 들어나 있고.
六度齋修惟菩薩親見如來	육바라밀을 똑같이 닦으면 누구나 보살이 되어 여래를 친견하게 된다.
五蘊皆空卽衆生而觀自在	오온이 다 공한 줄 알면 중생이 곧 관자재가 된다.

南無觀世音菩薩

千手千眼無礙大悲心陀羅尼

南無喝囉怛那哆囉夜耶 南無阿唎耶 婆盧羯帝爍鉢囉耶 菩提薩埵婆耶 摩訶薩埵婆耶 摩訶迦盧尼迦耶 唵 薩皤囉罰曳 數怛那怛寫 南無悉吉㗚埵伊蒙阿唎耶 婆盧吉帝室佛囉楞馱婆 南無那囉謹墀 醯唎摩訶皤哆沙咩 薩婆阿他豆輸朋 阿逝孕 薩婆薩哆那摩婆薩哆 那摩婆伽 摩罰特豆 怛姪他 唵 阿婆盧醯 盧迦帝 迦羅帝 夷醯唎 摩訶菩提薩埵 薩婆薩婆 摩囉摩囉 摩醯摩醯唎馱孕 俱盧俱盧羯蒙 度盧度盧罰闍耶帝 摩訶罰闍耶帝 陀囉陀囉 地唎尼 室佛囉耶 遮囉遮囉 麼麼罰摩囉 穆帝囇 伊醯伊醯 室那室那 阿囉嘇 佛囉舍利 罰沙罰嘇 佛囉舍耶 呼嚧呼嚧摩囉 呼嚧呼嚧醯利 娑囉娑囉 悉唎悉唎 蘇嚧蘇嚧 菩提夜菩提夜 菩馱夜菩馱夜 彌帝唎夜 那囉謹墀 地利瑟尼那 婆夜摩那 娑婆訶 悉陀夜 娑婆訶 摩訶悉陀夜 娑婆訶 悉陀喻藝 室皤囉耶 娑婆訶 那囉謹墀 娑婆訶 摩囉那囉 娑婆訶 悉囉僧阿穆佉耶 娑婆訶 娑婆摩訶阿悉陀夜 娑婆訶 者吉囉阿悉陀夜 娑婆訶 波陀摩羯悉陀夜 娑婆訶 那囉謹墀皤伽囉耶 娑婆訶 摩婆利勝羯囉夜 娑婆訶 南無喝囉怛那哆囉夜耶 南無阿唎耶 婆嚧吉帝 爍皤囉夜 娑婆訶 唵 悉殿都 漫多囉 跋陀耶 娑婆訶

龍集乙亥二月于勝院智懌敬書

觀世音經

觀世音菩薩南無佛南無法南無僧佛國有緣佛法相因常樂我淨有緣佛法南無摩訶般若波羅蜜是大神呪南無摩訶般若波羅蜜是大明呪南無摩訶般若波羅蜜是無等等呪南無淨光祕密佛法藏佛獅子吼神足由王佛佛告須彌燈王佛法護佛金剛藏佛寶勝佛順通佛藥師琉璃光佛普光功德山王佛善住功德寶王佛過去七佛未來賢劫千佛五百佛萬五千佛五百化生佛百億金剛藏佛定光佛六方六佛名號東方寶光月殿月妙尊音王佛南方樹根花王佛西方皁王神通燄花王佛北方月殿清淨佛上方無數精進寶首佛下方善寂月音王佛無量諸佛多寶佛釋迦牟尼佛彌勒佛阿閦佛彌陀佛中央一切眾生在佛世界中者行住於地上及在虛空中慈憂於一切眾生令安穩休息晝夜修持心常求誦此經能滅生死苦消除諸毒害耶摩大明觀世音觀世音菩薩藥王菩薩藥上菩薩文殊師利菩薩普賢菩薩虛空藏菩薩地藏菩薩清涼寶山億萬菩薩普光王如來花勝菩薩念念誦此偈七佛世尊即說呪曰離婆離婆帝求訶求訶帝陀羅尼帝尼訶羅帝毘離尼帝摩訶伽帝真靈虔帝娑婆訶

南無阿彌陀佛

光緒二十五年四月二十四日張騫敬寫

南通狼山舊刻觀音三十二像系清季殿撰張謇季直集内宮所藏歷代名畫家精品刻石出黃懷覺先生之手四十餘年後舊石不存茲再懇黃老暨子良起其中三像已漫漶另選精品龕供養以別舊石嵌寺壁中俾善男信女同資瞻仰

戊辰年玉佛禪寺真禪謹識

無錫黃懷覺鐫石